Anthony de Mello
Eine Minute Weisheit

Anthony de Mello

Eine Minute
Weisheit

Herder

Freiburg · Basel · Wien

Titel der Originalausgabe:
One Minute Wisdom
©Gujarat Sahitya Prakash, Anand, India

Aus dem Englischen übersetzt von
Dr. Ursula Schottelius

Siebte Auflage

Alle Rechte vorbehalten – Printed in Germany
Für die deutsche Ausgabe:
© Verlag Herder Freiburg im Breisgau 1986
Herstellung: Freiburger Graphische Betriebe 1994
ISBN 3-451-20649-8

Gibt es die Weisheit der einen Minute?"
 „Die gibt es sicher", sagte der Meister.
 „Aber eine Minute ist doch bestimmt zu kurz?"
 „Sie ist neunundfünfzig Sekunden zu lang."

Später fragte der Meister seine verblüfften Schüler: „Wieviel Zeit braucht man, um des Mondes ansichtig zu werden?"
 „Wozu dann die vielen Jahre geistigen Strebens?"
 „Es kann ein Leben lang dauern, bis die Augen geöffnet sind.
 Es genügt ein Blitz, um zu sehen."

Zur Einführung

Der Meister dieser Geschichten ist nicht eine einzige Person. Er ist ein Hindu Guru, ein Zen Roshi, ein taoistischer Weiser, ein jüdischer Rabbi, ein christlicher Mönch, ein Sufi Mystiker. Er ist Laotse und Sokrates, Buddha und Jesus, Zarathustra und Mohammed. Seine Lehre findet man im 7. Jdt. v. Chr. und im 20. n. Chr. Seine Weisheit gehört Ost und West gleichermaßen. Sind seine historischen Vorgänger wirklich wichtig? Geschichte ist schließlich die Aufzeichnung von Erscheinungen und keine Realität; sie überliefert Lehrmeinungen, aber nicht Unausgesprochenes.

Um jede der folgenden Geschichten zu lesen, wird man nicht länger als eine Minute brauchen. Vielleicht wird man die Ausdrucksweise des Meisters rätselhaft, ärgerlich, sogar ausgesprochen absurd finden. Es ist dies – leider – kein leichtes Buch! Es wurde nicht geschrieben, um zu belehren, sondern um aufzuwecken. Zwischen den Seiten verborgen (nicht in gedruckten Wörtern, noch nicht einmal in den Geschichten selbst, sondern im Geist, der Stimmung, der Atmosphäre) liegt eine *Weisheit*, die menschliche Sprache nicht vermitteln kann. Liest man Seite für Seite und läßt sich ein auf des Meisters kryptische Sprache, kann es geschehen, daß man unverhofft auf die stumme Lehre stößt, die sich in diesem Buch verbirgt und daß man geweckt – und verwandelt wird. Denn das bedeutet *Weisheit:* verändert zu werden, ohne sich eigens darum zu bemühen, verändert zu werden, ob man es glaubt oder nicht, indem man hellhörig wird für die Tatsache, daß erst jenseits der Wörter der Sinn sich entfaltet.

Hat man das Glück, auf diese Weise geweckt zu werden, erkennt man, warum die schönste Sprache die nicht gesprochene ist, die edelste Tat die nicht vollbrachte und die entscheidendste Veränderung diejenige, die nicht erstrebt wurde.

Zum Schluß ein Hinweis:
Man lese die Geschichten wohl dosiert – nur eine oder zwei auf einmal. Ein Zuviel würde ihre Wirkkraft mindern.

Wundertaten

Ein Mann reiste über Land und Meer, um selbst des Meisters ungewöhnlichen Ruhm zu überprüfen.

„Welche Wundertaten hat euer Meister vollbracht?" fragte er einen Schüler.

„Nun, es gibt solche und solche Wunder. In Eurem Land nennt man es ein Wunder, wenn Gott jemandes Willen erfüllt. In unserem Land gilt es als Wunder, wenn jemand den Willen Gottes erfüllt."

Erwachsensein

Zu einem Schüler, der ständig am Beten war, sagte der Meister: „Wann wirst du aufhören, dich auf Gott zu stützen und lernen, auf eigenen Füßen zu stehen?"

Der Schüler war erstaunt: „Aber gerade Ihr habt uns gelehrt, Gott als unseren Vater anzusehen!"

„Wann wirst du lernen, daß ein Vater nicht jemand ist, auf den man sich stützen kann, sondern jemand, der dich von deinem Anlehnungsbedürfnis befreit?"

Sensitivität

„Wie soll ich mein Einssein mit der Schöpfung erfahren?"

„Durch Lauschen", sagte der Meister.

„Und wie soll ich lauschen?"

„Werde zu einem Ohr, das jeder Äußerung des Universums Beachtung schenkt. In dem Augenblick, in dem du etwas hörst, was du selbst sagst, stop!"

Absurd

Der Meister rieb kratzend einen Ziegelstein über den Boden des Raumes, in dem sein Schüler meditierte.

Zunächst war es der Schüler zufrieden, denn er hielt es für einen Test seiner Konzentrationsfähigkeit. Aber als das Geräusch unerträglich wurde, platzte er heraus: „Was um Himmels willen tut Ihr da? Seht Ihr nicht, daß ich meditiere?"

„Ich poliere diesen Ziegelstein, um einen Spiegel daraus zu machen", sagte der Meister.

„Ihr seid wohl verrückt! Wie wollt Ihr aus einem Ziegelstein einen Spiegel machen?"

„Nicht verrückter als du! Wie willst du aus dem Selbst zur Versenkung gelangen?"

Klarheit

Schaut euch nicht suchend um nach Gott", sagte der Meister. „Schaut einfach – und alles wird sich zeigen."

„Aber wie soll man schauen?"

„Jedes Mal, wenn du etwas ansiehst, sieh' nur das, was da ist und nichts sonst."

Die Schüler waren verwundert, also sagte der Meister es einfacher: „Wenn ihr z. B. den Mond betrachtet, seht nur den Mond und nichts sonst."

„Was könnte man denn noch sehen außer dem Mond, wenn man den Mond betrachtet?"

„Jemand, der Hunger hat, könnte einen Käselaib sehen, ein Liebender das Gesicht seiner Geliebten."

Religion

Der Gouverneur unterbrach eine Reise, um dem Meister seine Ehrerbietung zu erweisen.

„Staatsgeschäfte lassen mir keine Zeit für lange gelehrte Abhandlungen", sagte er. „Könntet Ihr das Wesentliche der Religion für einen aktiven Menschen wie mich in einem oder zwei Absätzen zusammenfassen?"

„Ich werde es mit einem einzigen Wort zum Nutzen Eurer Hoheit ausdrücken."

„Unglaublich! Wie lautet dieses außergewöhnliche Wort?"

„Stille."

„Und auf welchem Weg gelangt man zur Stille?"

„Meditation."

„Und was, darf ich fragen, ist Meditation?"

„Stille."

Spiritualität

Obgleich es des Meisters Tag des Schweigens war, bat ihn ein Reisender um ein Wort der Weisheit, das ihn auf seiner Lebensreise geleiten sollte.

Der Meister nickte freundlich, ergriff ein Blatt Papier und schrieb darauf ein einziges Wort: „Bewußtheit."

Der Besucher war verblüfft. „Das ist zu kurz. Könntet Ihr es etwas näher ausführen?"

Der Meister nahm das Blatt zurück und schrieb: „Bewußtheit, Bewußtheit, Bewußtheit."

„Aber was *bedeuten* diese Worte?" fragte der Fremde ratlos.

Der Meister griff wieder nach dem Papier und schrieb: „Bewußtheit, Bewußtheit, Bewußtheit bedeutet BEWUSSTHEIT."

Wachsamkeit

„Kann ich selbst irgend etwas tun, um erleuchtet zu werden?"
„Genau so wenig wie du dazu beitragen kannst, daß die Sonne morgens aufgeht."
„Was nützen dann die geistigen Übungen, die Ihr vorschreibt?"
„Um sicher zu gehen, daß du nicht schläfst, wenn die Sonne aufgeht."

Anwesenheit

„Wo soll ich Erleuchtung suchen?"
„Hier."
„Wann wird sie stattfinden?"
„Jetzt in diesem Augenblick."
„Warum spüre ich sie nicht?"
„Weil du nicht siehst."
„Was sollte ich sehen?"
„Nichts. Nur sehen."
„Was?"
„Alles, worauf dein Auge fällt."
„Muß ich auf eine besondere Weise sehen?"
„Nein, wie gewohnt, das genügt."
„Aber sehe ich nicht immer so wie gewohnt?"
„Nein."
„Warum denn bloß nicht?"
„Weil du ganz hier sein mußt, um zu sehen, und du bist meistens anderswo."

Tiefe

Sagte der Meister zu dem Geschäftsmann: „Wie der Fisch zugrunde geht auf dem Trockenen, so geht Ihr zugrunde, wenn Ihr Euch verstrickt in den Dingen der Welt. Der Fisch muß zurück in das Wasser – Ihr müßt zurück in die Einsamkeit."

Der Geschäftsmann war entsetzt. „Muß ich mein Geschäft aufgeben und in ein Kloster gehen?"

„Nein, nein. Behaltet Euer Geschäft und geht in Euer Herz."

Innenraum

Der Schüler bat um ein Wort der Weisheit. Sagte der Meister: „Geh, setz dich in deine Zelle und deine Zelle wird dich Weisheit lehren."

„Aber ich habe keine Zelle. Ich bin kein Mönch."

„Natürlich hast du eine Zelle. Blick in dich."

Charisma

Der Jünger war Jude. „Was soll ich für ein gutes Werk tun, um vor Gott zu bestehen?"

„Wie sollte ich das wissen?" sagte der Meister. „Deine Bibel sagt, daß Abraham Gastfreundschaft übte, und Gott war mit ihm. Elias liebte es zu beten, und Gott war mit ihm. David herrschte über ein Königreich, und Gott war auch mit ihm."

„Gibt es einen Weg, um die eigens mir zugeteilte Arbeit zu erkennen?"

„Ja. Suche nach dem tiefsten Verlangen deines Herzens und folge ihm."

Harmonie

Trotz traditioneller Anschauungen hielt der Meister nur wenig von Vorschriften und Überlieferungen.

Ein Schüler geriet eines Tages in Streit mit seiner Tochter, weil der Mann darauf bestand, das Mädchen solle den künftigen Ehemann nach den Geboten ihrer Religion aussuchen.

Der Meister ergriff ganz offen Partei für das Mädchen.

Als der Schüler seinem Erstaunen Ausdruck gab, daß ein heiliger Mann solches tue, sagte der Meister:

„Du mußte begreifen, Leben ist wie Musik, und die entsteht mehr aus Gefühl und Instinkt als nach Regeln."

Verständnis

„Wie erlange ich die Gnade, nie über meinen Nächsten zu Gericht zu sitzen?"

„Durch Gebet."

„Warum habe ich sie dann noch nicht gefunden?"

„Weil du noch nicht am richtigen Ort gebetet hast."

„Wo ist das?"

„Im Herzen Gottes."

„Und wie komme ich dorthin?"

„Begreife, daß jeder, der sündigt, nicht weiß, was er tut und Vergebung verdient."

Illusion

„Wie soll ich Ewiges Leben erlangen?"

„Ewiges Leben ist heute und jetzt. Lebe in der Gegenwart."

„Aber ich *bin* in der Gegenwart oder nicht?"

„Nein."

„Warum nicht?"

„Weil du deine Vergangenheit nicht abgeworfen hast."

„Warum sollte ich meine Vergangenheit abwerfen? Nicht alles an ihr ist schlecht."

„Die Vergangenheit muß abgeworfen werden, nicht weil sie schlecht ist, sondern weil sie tot ist."

Weissagung

Ich möchte ein Lehrer der Wahrheit werden."

„Bist du bereit, ausgelacht und übersehen zu werden und Hunger zu leiden, bis du fünfundvierzig Jahre alt bist?"

„Das bin ich. Aber sagt mir: was wird nach meinem fünfundvierzigsten Lebensjahr geschehen?"

„Dann wirst du dich daran gewöhnt haben."

Verbesserung

Ein junger Mann verschwendete all seinen ererbten Reichtum. Wie üblich in solchen Fällen war mit seinem letzten Pfennig auch der letzte Freund verschwunden.

Als er sich nicht mehr zu helfen wußte, suchte er den Meister auf und sagte: „Was soll aus mir werden? Ich habe weder Geld noch Freunde."

„Mach" dir keine Sorgen, Sohn. Hör auf meine Worte: alles wird wieder ins reine kommen."

In des jungen Mannes Augen schien Hoffnung auf. „Werde ich wieder reich werden?"

„Nein. Du wirst dich daran gewöhnen, arm und allein zu sein."

Pragmatismus

Die Schülerin bereitete ihre Hochzeitsfeier vor und erklärte, daß sie aus Liebe zu den Armen ihre Familie überredet hatte, entgegen der Konvention die armen Gäste an das obere Ende der Tafel zu setzen und die reichen an die Tür.

Sie blickte den Meister an und erwartete seine Zustimmung.

Der Meister hielt inne, um nachzudenken, dann sagte er: „Das wäre äußerst ungeschickt, meine Liebe. Niemand würde die Hochzeit richtig genießen. Deiner Familie wäre es peinlich, deine reichen Gäste wären beleidigt und deine armen Gäste blieben hungrig, denn sie wären zu stolz, sich am oberen Ende der Tafel wirklich satt zu essen."

Unwissenheit

Der junge Schüler war ein solches Wunderkind, daß Gelehrte von überallher seinen Rat suchten und sein Wissen bestaunten.

Als der Gouverneur einen Ratgeber suchte, kam er zu dem Meister und sagte: „Sagt mir, stimmt es, daß der junge Mann soviel weiß, wie allgemein behauptet wird?"

„Ehrlich gesagt", erwiderte der Meister trocken, „der Bursche liest soviel, daß ich mir nicht vorstellen kann, woher er die Zeit nimmt, irgend etwas zu wissen."

Mythen

Der Meister kleidete seine Lehre in Gleichnisse und Geschichten, denen seine Schüler mit Vergnügen – und gelegentlicher Ernüchterung zuhörten, denn ihnen stand der Sinn nach Tieferem.

Der Meister blieb unbewegt. Ihren Einwänden pflegte er zu begegnen, indem er sagte: „Ihr müßt noch begreifen lernen, meine Lieben, daß die kürzeste Entfernung zwischen einem Menschen und der Wahrheit eine Geschichte ist."

Ein andermal sagte er: „Verachtet nicht die Geschichten. Eine verlorene Goldmünze findet man mit Hilfe einer billigen Kerze; die tiefste Wahrheit mit Hilfe einer einfachen Geschichte."

Glück

Ich brauche dringend Hilfe – sonst werde ich verrückt. Meine Frau und ich leben mit Kindern und Schwiegereltern in einem einzigen Raum. Wir sind mit unseren Nerven am Ende, wir brüllen uns an und schreien. Es ist die Hölle."

„Versprichst du, alles zu tun, was ich dir sage?" fragte der Meister ernst.

„Ich schwöre, ich werde alles tun."

„Gut. Wie viele Haustiere hast du?"

„Eine Kuh, eine Ziege und sechs Küken."

„Nimm sie alle zu dir ins Zimmer. Dann komm in einer Woche wieder."

Der Schüler war entsetzt, aber er hatte versprochen zu gehorchen. Also nahm er die Tiere ins

Haus. Eine Woche später kam er wieder, ein Bild des Jammers, und stöhnte: „Ich bin ein nervöses Wrack. Der Schmutz! Der Gestank! Der Lärm! Wir sind alle am Rande des Wahnsinns."

„Geh nach Hause", sagte der Meister, „und bring die Tiere wieder nach draußen."

Der Mann rannte den ganzen Heimweg. Und kam am nächsten Tag freudestrahlend zurück. „Wie schön ist das Leben! Die Tiere sind draußen. Die Wohnung ist ein Paradies – so ruhig und sauber und soviel Platz!"

Meditation

Ein Schüler schlief ein und träumte, er sei im Paradies. Zu seinem Erstaunen fand er dort auch seinen Meister und die anderen Schüler, alle in Meditation versunken.

„Das bekommt man als Belohnung im Paradies?" rief er. „Genau das gleiche haben wir doch auf Erden gemacht!"

Er hörte eine Stimme: „Narr! Du denkst, diese Meditierenden seien im Paradies? Es ist genau umgekehrt – das Paradies ist in ihnen."

Realismus

Ein Spieler fragte einst den Meister: „Gestern wurde ich erwischt, als ich beim Kartenspielen mogelte. Meine Partner schlugen mich zusammen und warfen mich aus dem Fenster. Was ratet Ihr mir zu tun?"

Der Meister blickte einfach durch den Mann hindurch und sagte: „An deiner Stelle würde ich von jetzt an auf dem Fußboden spielen."

Die Schüler waren bestürzt. „Warum habt Ihr ihm nicht geraten, mit dem Glücksspiel aufzuhören?" fragten sie.

„Weil ich wußte, er würde es nicht tun", war des Meisters einfache und lebenskluge Erklärung.

Rede

Der Schüler konnte es kaum erwarten, dem Meister das Gerücht zu erzählen, das er auf dem Markt gehört hatte.

„Warte einen Augenblick", sagte der Meister.
„Was du uns da erzählen willst, ist es auch wahr?"

„Das glaube ich nicht."
„Ist es nützlich?"
„Nein, das ist es nicht."
„Ist es witzig?"
„Nein."
„Warum sollten wir es dann erfahren?"

Geistige Erleichterung

Der Meister war der Ansicht, kein Wort sei anstößig, wenn es im entsprechenden Zusammenhang gebraucht würde.

Als man ihm sagte, daß einer seiner Schüler des öfteren fluche, bemerkte er: „Man weiß, daß Gotteslästerung geistige Erleichterung bringen kann, die dem Gebet versagt bleibt."

Klatsch

Ein Schüler bekannte seine schlechte Gewohnheit, Klatsch weiterzuerzählen.

Sagte der Meister spitz: „Weitererzählen wäre ja nicht so schlimm, wenn du nicht noch Verbesserungen daran vornähmst."

Bewegung

Den Schülern, die stets nach Worten der Weisheit verlangten, sagte der Meister: „Weisheit wird nicht in Worten ausgedrückt, sie offenbart sich im Handeln."

Aber als er sah, wie sie sich Hals über Kopf in Betriebsamkeit stürzten, lachte er laut und sagte: „Das ist nicht Handeln, das ist Bewegung."

Gefangenschaft

Du bist so stolz auf deine Intelligenz", sagte der Meister zu einem Jünger. "Du bist wie der Verurteilte, der stolz ist auf die Größe seiner Gefängniszelle."

Identität

Wie sucht man Einheit mit Gott?"

"Je mehr du suchst, um so größer wird die Entfernung zwischen Ihm und dir."

"Wie überwindet man diese Entfernung?"

"Begreife, daß sie nicht wirklich vorhanden ist."

"Bedeutet das, Gott und ich sind eins?"

"Nicht eins, nicht zwei."

"Wie ist das möglich?"

"Die Sonne und ihr Licht, der Ozean und die Welle, der Sänger und sein Lied – nicht eins. Nicht zwei."

Diskriminierung

Sagte der verschmähte Liebhaber: "Ich habe mir einmal die Finger verbrannt. Ich werde mich nie mehr verlieben."

Sagte der Meister: "Du bist wie die Katze, die sich einmal beim Sitzen auf dem Ofen verbrannt hat und nun überhaupt nicht mehr sitzen will."

Mechanismus

Der Meister fragte einmal seine Schüler, was wichtiger sei, Weisheit oder Handeln.

Einstimmig sagten die Schüler: „Natürlich Handeln. Was nützt Weisheit, die sich nicht im Handeln zeigt?"

Sagte der Meister: „Und was nützt Handeln, das aus einem unerleuchteten Herzen hervorgeht?"

Verehrung

Zu einem übertrieben respektvollen Schüler sagte der Meister: „Licht spiegelt sich auf einer Wand. Warum die Wand verehren? Sei aufmerksam gegenüber dem Licht."

Ausweichen

Ein Tourist, der im Tempel die Bilder früherer Meister betrachtete, fragte: „Sind noch Meister auf der Erde zurückgeblieben?"

„Einen gibt es", sagte der Führer. Der Tourist bat um Audienz bei dem Meister und begann mit der Frage: „Wo findet man heute die großen Meister?"

„Reisender", rief der Meister.

„Sir!" antwortete der Tourist ehrerbietig.

„Wo bist DU?"

Schicksal

Einer Frau, die ihr Schicksal beklagte, sagte der Meister: „Du machst dir selbst dein Schicksal."
„Aber ich bin doch wohl nicht verantwortlich dafür, als Frau geboren zu sein?"
„Als Frau geboren zu sein, ist nicht Schicksal. Das ist Bestimmung. Schicksal ist, wie du dein Frausein akzeptierst, und was du daraus machst."

Wiedergeburt

Vollziehe einen klaren Bruch mit deiner Vergangenheit und du wirst erleuchtet werden", sagte der Meister.
„Ich werde es nach und nach tun."
„Größe erreicht man allmählich. Erleuchtung vollzieht sich im Augenblick."
Später sagte er noch: „Spring! Man kann einen Abgrund nicht mit kleinen Hüpfern überwinden."

Träume

Wann werde ich erleuchtet?"
„Wenn du *siehst*", sagte der Meister.
„Was sehen?"
„Bäume und Blumen, Mond und Sterne."
„Aber die sehe ich jeden Tag."

„Nein, was du siehst sind Papierbäume, Papierblumen, Papiermonde und Papiersterne. Denn du lebst nicht in der Wirklichkeit, sondern in deinen Worten und Gedanken."

Und um ganz genau zu sein, fügte er noch sanft hinzu: „Du lebst leider ein Papierleben und wirst einen Papiertod sterben."

Änderung

Einem sich ständig über andere beklagenden Schüler sagte der Meister: „Wenn du wirklich Frieden haben willst, versuche, dich selbst zu ändern, nicht die anderen. Es ist einfacher, deine Füße mit Hausschuhen zu schützen, als die ganze Erde mit Teppichen auszulegen."

Reaktion

Der Meister wurde gefragt, nach welchen Kriterien er seine Schüler aussuche.

Er sagte: „Ich benehme mich bescheiden und zurückhaltend. Diejenigen, die sich daraufhin anmaßend betragen, weise ich sofort zurück. Diejenigen, die mich wegen meines bescheidenen Auftretens verehren, lehne ich genau so prompt ab."

Philosophie

Ehe der Besucher eventuelle Schülerschaft diskutierte, verlangte er von dem Meister Zusicherungen.

„Könnt Ihr mich lehren, was das Ziel eines Menschenlebens ist?"

„Das kann ich nicht."

„Oder wenigstens seinen Sinn?"

„Das kann ich nicht."

„Könnt Ihr mir das Wesen des Todes erklären und eines Lebens jenseits des Grabes?"

„Das kann ich nicht."

Der Besucher ging zornig davon. Die Schüler waren betreten, daß ihr Meister eine so schlechte Figur gemacht hatte.

Sagte der Meister tröstend: „Was nützt es, die Essenz des Lebens zu verstehen und seinen Sinn zu begreifen, wenn ihr es nie gekostet habt? Mir ist es lieber, ihr eßt euren Pudding, als daß ihr darüber spekuliert."

Schülerschaft

Einem Besucher, der darum bat, Schüler bei ihm zu werden, sagte der Meister: „Du kannst mit mir zusammen leben, aber werde nicht zu meinem Gefolgsmann."

„Wem soll ich dann folgen?"

„Niemand. Sobald du jemand nachfolgst, hörst du auf, der Wahrheit zu folgen."

Blindheit

Darf ich Euer Schüler werden?"

„Du bist nur ein Schüler, weil deine Augen geschlossen sind. An dem Tag, an dem du sie öffnest, wirst du feststellen, daß du nichts von mir oder von jemand anderem lernen kannst."

„Wozu ist dann ein Meister da?"

„Dir zu der Erkenntnis zu verhelfen, daß es zwecklos ist, einen zu haben."

Vermittlung

Warum brauchst du einen Meister?" fragte ein Besucher einen der Schüler.

„Wenn Wasser erhitzt werden soll, bedarf es eines Gefäßes als Mittler zwischen dem Feuer und ihm selbst", war die Antwort.

Überleben

Jeden Tag pflegte der Schüler die gleiche Frage zu stellen: „Wie soll ich Gott finden?"

Und jeden Tag bekam er die gleiche rätselhafte Antwort: „Durch Verlangen."

„Aber ich verlange nach Gott mit meinem ganzen Herzen. Warum habe ich ihn dann noch nicht gefunden?"

Eines Tages badete der Meister zufällig zusammen mit dem Schüler im Fluß. Er drückte den

Kopf des Mannes unter Wasser und hielt ihn da fest, während der arme Kerl verzweifelt versuchte, sich loszureißen.

Am nächsten Tag begann der Meister die Unterhaltung. „Warum hast du dich so gewehrt, als ich deinen Kopf unter Wasser hielt?"

„Weil ich nach Luft rang."

„Wenn dir die Gnade zuteil wird, um Gott so zu ringen, wie du um Luft rangst, dann hast du ihn gefunden."

Abhängigkeit

Einem Schüler, der sich übermäßig auf Bücher verließ, sagte der Meister:

„Ein Mann kam mit einem Einkaufszettel auf den Markt und verlor ihn. Als er ihn zu seiner großen Freude wiederfand, las er ihn genau durch, hielt sich an ihn, bis er seine Einkäufe erledigt hatte – und warf ihn dann weg als unnützen Papierfetzen."

Entkommen

Der Meister wurde schon zu Lebzeiten eine Legende. Man erzählte, daß Gott selbst einmal seinen Rat einholte: „Ich möchte mit den Menschen Versteck spielen. Ich habe meine Engel gefragt, wo ich mich am besten verstecken könnte. Einige sagten, in der Tiefe des Ozeans, andere auf dem höchsten Berggipfel, wieder andere, auf der erdabgewandten Seite des Mondes oder auf einem fernen Stern. Was schlägst du vor?"

Sagte der Meister: „Verbirg dich im menschlichen Herzen, das ist der letzte Ort, an den sie denken werden."

Gewaltlosigkeit

Eine Schlange hatte in einem Dorf so viele Leute gebissen, daß sich kaum noch jemand auf die Felder wagte. Die Heiligkeit des Meisters war so groß, daß man von ihm erzählte, er habe die Schlange gezähmt und sie überredet, die Disziplin der Gewaltlosigkeit zu üben.

Die Dorfbewohner merkten bald, daß die Schlange harmlos geworden war. Sie begannen, Steine nach ihr zu werfen und sie am Schwanz hinter sich her zu ziehen.

Die übel zugerichtete Schlange kroch eines Nachts in des Meisters Haus, um sich zu beschweren. Sagte der Meister: „Mein Freund, du jagst den Menschen keine Angst mehr ein, das ist schlecht."

„Aber Ihr habt mich doch gelehrt, Gewaltlosigkeit zu üben!"

„Ich habe dir gesagt, du solltest aufhören zu beißen, nicht aber zu züngeln und zu zischen!"

Ablenkung

Unter den Schülern war eine hitzige Debatte im Gange, welches die schwierigste Aufgabe überhaupt sei: aufzuschreiben, was Gott als Heilige Schrift offenbart habe; zu verstehen, was Gott in der Schrift offenbart hatte oder diese anderen zu erklären, nachdem man sie selbst verstanden hatte.

Sagte der Meister, als man ihn nach seiner Meinung fragte: „Ich kenne eine noch schwierigere Aufgabe als diese drei genannten."

„Was für eine?"

„Zu versuchen, euch Dummköpfe dazu zu bringen, die Wirklichkeit so zu sehen, wie sie ist."

Heimkehr

Es gibt drei Stufen in der geistigen Entwicklung eines Menschen", sagte der Meister. „Die sinnliche, die geistige und die göttliche."

„Was versteht man unter sinnlicher Stufe?" fragten die interessierten Schüler.

„Das ist die Stufe, auf der Bäume als Bäume und Berge als Berge angesehen werden."

„Und die geistige?"

„Auf ihr sieht man tiefer in die Dinge hinein, dann sind Bäume nicht mehr Bäume und Berge nicht länger Berge."

„Und die göttliche?"

„Nun, das ist die Erleuchtung", sagte der Meister mit leisem Lachen, „wenn Bäume wieder zu Bäumen und Berge wieder zu Bergen werden."

Sterilität

Der Meister hatte nicht viel Sinn für gelehrte Vorträge. Er nannte sie „Perlen der Weisheit."
„Aber wenn es Perlen sind, warum verachtet Ihr sie dann?" fragten die Schüler.
„Habt ihr je gehört, daß Perlen wachsen, wenn man sie in den Boden pflanzt?" lautete die Antwort.

Sprachlosigkeit

Was nützt euer Lernen und eure Hingabe? Wird ein Esel weise, weil er in einer Bibliothek wohnt oder eine Maus heilig, weil sie in einer Kirche lebt?"
„Was brauchen wir also?"
„Ein Herz."
„Wie bekommt man eines?"
Der Meister wollte es nicht sagen. Was er auch sagte, sie würden es sofort zu einer Schulaufgabe machen oder in einen Gegenstand der Verehrung verwandeln.

Ankunft

„Ist der Weg zur Erleuchtung schwierig oder leicht?"

„Weder noch."

„Warum nicht?"

„Weil sie dort nicht ist."

„Wie reist man also zu dem Ziel?"

„Man reist nicht. Es ist eine Reise ohne Entfernung. Hört auf zu reisen, und ihr seid da."

Evolution

Am folgenden Tag sagte der Meister: „Leider ist es einfacher zu reisen, als anzuhalten."

Die Schüler wollten wissen warum.

„So lange man unterwegs zu einem Ziel ist, kann man an einem Traum festhalten. Wenn man anhält, steht man vor der Wirklichkeit."

„Wie sollen wir uns je ändern, wenn wir keine Ziele oder Träume haben?" fragten die verwirrten Schüler.

„Eine wirkliche Veränderung ist eine Veränderung, die nicht gewollt ist. Stellt euch der Wirklichkeit, und eine spontane Veränderung wird sich vollziehen."

Bewußtlosigkeit

„Wo kann ich Gott finden?"
„Er steht dir genau gegenüber."
„Warum sehe ich ihn dann nicht?"
„Warum sieht ein Betrunkener nicht sein Haus?"

Später sagte der Meister: „Findet heraus, was euch trunken macht. Um zu sehen, muß man nüchtern sein."

Verantwortung

Der Meister begab sich mit einem seiner Schüler auf eine Reise. Draußen vor dem Dorf trafen sie den Gouverneur, der irrtümlicherweise annahm, sie kämen, ihn in dem Dorf willkommen zu heißen. Er sagte also: „Ihr hättet euch wirklich nicht die Mühe zu machen brauchen, um mich zu begrüßen."

„Ihr irrt, Hoheit", sagte der Schüler. „Wir sind unterwegs auf einer Reise, aber hätten wir gewußt, daß Ihr kommt, hätten wir keine Mühe gescheut, Euch willkommen zu heißen."

Der Meister sagte kein Wort. Gegen Abend bemerkte er: „Mußtest du ihm erzählen, daß wir nicht gekommen waren, ihn zu begrüßen? Hast du bemerkt, wie blamiert er sich fühlte?"

„Hätten wir ihm aber nicht die Wahrheit gesagt, dann wären wir der Täuschung schuldig geworden."

„Wir hätten ihn überhaupt nicht getäuscht", sagte der Meister. „Er hätte sich selbst getäuscht."

Atheismus

Zur großen Freude der Schüler wünschte sich der Meister ein neues Hemd zum Geburtstag. Der beste Stoff wurde gekauft. Der Dorfschneider kam, um dem Meister Maß zu nehmen und versprach, so Gott wolle, das Hemd innerhalb einer Woche anzufertigen.

Eine Woche verging, und ein Schüler wurde zum Schneider geschickt, während der Meister aufgeregt auf sein Hemd wartete. Der Schneider sagte: „Es ist eine kleine Verzögerung eingetreten, aber so Gott will, wird es morgen fertig sein."

Am nächsten Tag sagte der Schneider: „Es tut mir leid, es ist nicht fertig. Versucht es morgen noch einmal und so Gott will, wird es bestimmt fertig sein."

Am folgenden Tag sagte der Meister: „Fragt ihn, wie lange es dauern wird, wenn er Gott aus dem Spiel läßt."

Spiegelung

„Warum ist hier jeder glücklich außer mir?"

„Weil sie gelernt haben, überall Güte und Schönheit zu sehen", sagte der Meister.

„Warum sehe ich nicht überall Güte und Schönheit?"

„Weil du draußen nicht etwas sehen kannst, was du in deinem Inneren nicht siehst."

Prioritäten

Nach einer Legende schickte Gott einen Engel mit folgender Botschaft zu dem Meister: „Bitte um eine Million Lebensjahre, und sie werden dir gegeben werden, ja auch abermillionen Jahre. Wie lange möchtest du leben?"

„Achtzig Jahre", erwiderte der Meister, ohne das geringste Zögern.

Die Schüler waren bestürzt. „Aber Meister, wenn Ihr eine Million Jahre leben könntet, bedenkt wieviele Generationen von Eurer Weisheit profitieren könnten."

„Wenn ich eine Million Jahre lebte, wären die Menschen mehr darauf bedacht, ihr Leben zu verlängern als Weisheit zu entwickeln."

Mühelosigkeit

Einem Mann, der zögerte, sich auf geistige Suche zu begeben, weil er Anstrengung und Verzicht fürchtete, sagte der Meister:

„Wievieler Mühe und Entsagung bedarf es, die Augen zu öffnen und zu sehen?"

Geschehen lassen

Was muß ich tun, um Erleuchtung zu erlangen?"
„Nichts."
„Warum nicht?"
„Weil Erleuchtung nicht aus dem Tun kommt – sie geschieht."
„Dann kann sie nie erreicht werden?"
„Oh doch, das kann sie."
„Wie?"
„Durch Nichts-tun."
„Und was soll man tun, um zum Nichts-tun zu gelangen?"
„Was *tut* man, um einzuschlafen oder aufzuwachen?"

Ausdruck

Er war ein religiöser Schriftsteller und an des Meisters Ansichten interessiert. „Wie entdeckt man Gott?"

Sagte der Meister scharf: „Indem man das Herz durch stille Meditation weiß macht, anstatt Papier mit religiösen Abhandlungen zu schwärzen."

Und indem er sich an seine gelehrten Schüler wandte, fügte er neckend hinzu: „Oder indem man durch hochgeistige Konversation dicke Luft macht."

Entdeckung

Helft uns, Gott zu finden."
 „Keiner kann euch dabei helfen."
 „Warum nicht?"
 „Aus dem gleichen Grund, aus dem einem Fisch nicht geholfen werden kann, den Ozean zu finden."

Rückzug

Wie soll ich der Welt helfen?"
 „Indem du sie verstehst", sagte der Meister.
 „Und wie soll ich sie verstehen?"
 „Indem du dich von ihr abwendest."
 „Wie soll ich dann der Menschheit dienen?"
 „Indem du dich selbst verstehst."

Aufnahmefähigkeit

Ich möchte lernen, wollt Ihr mich lehren?"
 „Ich glaube nicht, daß du weißt, wie man lernt", sagte der Meister.
 „Könnt Ihr mich lehren, wie man lernt?"
 „Kannst du lernen, mich lehren zu lassen?"
 Später sagte der Meister zu seinen bestürzten Schülern: „Lehren findet nur statt, wenn das Lernen funktioniert. Lernen findet nur statt, wenn *ihr* euch *selbst* etwas lehrt."

Rätsel

Einer Gruppe von Schülern, deren Sinn nach einer Pilgerfahrt stand, sagte der Meister: „Nehmt diesen bitteren Flaschenkürbis mit. Versprecht, ihn in alle heiligen Flüsse zu tauchen und in alle Heiligtümer mitzunehmen."

Als die Schüler zurückkamen, war der Kürbis weich gekocht und diente als geweihte Nahrung.

„Seltsam", sagte der Meister verschmitzt, nachdem er gekostet hatte, „das heilige Wasser und die heiligen Stätten haben ihn nicht versüßt."

Kausalität

Jeder war überrascht von des Meisters supermoderner Metapher: „Das Leben ist wie ein Auto."

Sie warteten schweigend, wohl wissend, daß eine Erklärung nicht lange auf sich warten lassen würde.

„Oh ja", sagte er schließlich, „ein Auto kann dazu dienen, die Höhen zu erreichen."

Wieder Stille.

„Aber die meisten Menschen legen sich vor den Wagen, lassen sich überrollen und machen ihn dann für den Unfall verantwortlich."

Zwang

Der Meister verlangte von denen, die seine Schüler werden wollten, ernsthafte Entschlossenheit.

Aber er schalt seine Schüler, wenn sie sich in geistigem Streben überanstrengten. Er wollte unbeschwerten Ernst oder ernste Unbeschwertheit – ähnlich der eines Sportlers in einem Spiel oder eines Schauspielers in einem Theaterstück.

Und viel viel Geduld. „Forciert getriebene Blumen haben keinen Duft", pflegte er zu sagen. „Forciert gereifte Früchte verlieren ihren Geschmack."

Berechnung

Der Meister pflegte über jene Schüler zu lachen, die endlos überlegten, ehe sie sich zu etwas entschlossen.

Er charakterisierte sie so: „Leute, die *alles* bedenken, ehe sie einen Schritt tun, werden ihr Leben auf einem Bein verbringen."

Revolution

Es gab Regeln im Kloster, aber der Meister rief immer zur Vorsicht gegenüber der Tyrannei des Gesetzes auf.

„Gehorsam hält die Regeln ein", pflegte er zu sagen, „Liebe weiß, wann sie zu brechen sind."

Imitation

Nachdem der Meister Erleuchtung erreicht hatte, lebte er ein einfaches Leben, weil ihm ein einfaches Leben zusagte.

Er lachte über seine Schüler, die, ihn nachahmend, sich gleichfalls dem einfachen Leben zuwandten.

„Was nützt es, mein Verhalten nachzuahmen", sagte er, „ohne meine Motivation. Oder sich meine Motivation zu eigen zu machen, ohne die Idee, die dahinter steht?"

Sie verstanden ihn besser, als er sagte: „Wird eine Ziege ein Rabbi, weil er einen Bart trägt?"

Alleinsein

Einem Schüler, der ständig Antworten von ihm erwartete, sagte der Meister: „Du hast in dir eine Antwort auf jede Frage, die du stellst – wenn du nur wüßtest, wie du sie suchen solltest."

Und an einem anderen Tag sagte er: „Im Lande des Geistes kann man nicht bei dem Licht der Lampe eines anderen gehen. Du willst dir meine ausleihen. Ich möchte dich jedoch lieber lehren, wie du deine eigene herstellen kannst."

Scheuklappen

„Wenn du mich zu deiner Autorität machst", sagte der Meister zu einem romantischen Schüler, „schädigst du dich selbst, weil du dich weigerst, die Dinge selbst zu erkennen."

Und nach einer Pause fügte er freundlich hinzu: „Du schädigst auch mich, weil du dich weigerst, mich so zu sehen, wie ich bin."

Bescheidenheit

Einem Gast, der sich selbst einen Wahrheitssucher nannte, sagte der Meister: „Wenn du die Wahrheit suchst, mußt du vor allem anderen eine Sache besitzen."

„Ich weiß, ein unbezwingbares Verlangen nach Wahrheit."

„Nein. Eine nie nachlassende Bereitschaft zuzugeben, daß du Unrecht haben könntest."

Unterdrückung

Der Meister hatte wochenlang im Koma auf seinem Totenbett gelegen. Eines Tages öffnete er plötzlich die Augen und sein Blick fiel auf seinen Lieblingsschüler.

„Du verläßt nie den Platz neben meinem Bett, nicht wahr?" sagte er sanft.

„Nein, Meister, ich kann nicht."

„Warum?"

„Weil Ihr das Licht meines Lebens seid."

Der Meister seufzte. „Habe ich dich so geblendet, mein Sohn, daß du dich immer noch weigerst, das Licht in *dir* zu sehen?"

Ausdehnung

Der Meister hörte mit gespannter Aufmerksamkeit zu, als der berühmte Wirtschaftswissenschaftler seinen Entwurf einer künftigen Entwicklung erläuterte.

„Sollte Wachstum der einzige Gesichtspunkt in einer Wirtschaftstheorie sein?" fragte er.

„Ja. Jedes Wachstum ist gut in sich."

„Denken nicht Krebszellen genau so?" sagte der Meister.

Genügsamkeit

Wie kann ich ein großer Mensch werden – wie Ihr?"

„Warum ein großer Mensch sein?" sagte der Meister.

„Mensch sein, ist schon Leistung genug."

Gewalt

Der Meister lehrte stets, daß Schuld eine üble Gefühlsregung sei, die man meiden sollte wie den Teufel selbst – *jedes* Schuldgefühl.

„Aber sollen wir nicht unsere Sünden hassen?" fragte ein Schüler eines Tages.

„Wenn du schuldig bist, haßt du nicht deine Sünden, sondern dich selbst."

Nebensächlichkeit

An jenem Tag ging es während der öffentlichen Versammlung bei allen Fragen um das Leben jenseits des Grabes.

Der Meister lachte nur und gab keine einzige Antwort.

Seinen Schülern, die wissen wollten, warum er auswich, sagte er später: „Habt ihr nicht bemerkt, daß es ausgerechnet diejenigen sind, die nichts mit diesem Leben anzufangen wissen, die ein weiteres, ewig währendes wollen?"

„Aber gibt es nun Leben nach dem Tode oder nicht?" beharrte ein Schüler.

„Ist da Leben vor dem Tod – das ist die Frage!" sagte der Meister hintergründig.

Herausforderung

Ein nicht übertrieben eifriger Schüler klagte, er habe noch nie die Stille kennengelernt, die der Meister stets empfahl.

Sagte der Meister: „Stille erfahren nur aktive Menschen."

Ideologie

Eine Gruppe politischer Aktivisten versuchte dem Meister zu erläutern, wie ihre Ideologie die Welt verändern würde.

Der Meister hörte aufmerksam zu.

Am nächsten Tag sagte er: „Eine Ideologie ist so gut oder so schlecht wie die Menschen, die sich ihrer bedienen. Wenn eine Million Wölfe sich zusammentäte, um Gerechtigkeit herbeizuführen, blieben sie nicht immer eine Million Wölfe?"

Moral

Die Schüler beschäftigten sich oft mit Fragen von Recht und Unrecht. Manchmal lag die Antwort auf der Hand. Manchmal war sie schwer zu definieren.

War der Meister zufällig bei solchen Diskussionen anwesend, pflegte er sich nicht zu beteiligen.

Einmal wurde ihm folgende Frage vorgelegt:

„Ist es recht, jemanden zu töten, der versucht, mich zu töten? Oder ist es unrecht?"

Er sagte: „Wie soll ich das wissen?"

Die bestürzten Schüler antworteten: „Wie sollen dann wir Recht von Unrecht unterscheiden?"

Der Meister sagte: „Seid zu euren Lebzeiten euch selbst gegenüber tot, vollkommen tot, dann handelt, wie ihr wollt, und euer Tun wird rechtens sein."

Einbildung

Was ist der größte Feind der Erleuchtung?

„Angst".

„Und woher kommt Angst?"

„Aus der Einbildung."

„Und was ist Einbildung?"

„Zu denken, daß die Blumen neben dir giftige Schlangen seien."

„Wie soll ich Erleuchtung erreichen?"

„Öffne deine Augen und sieh!"

„Was?"

„Daß keine einzige Schlange in der Nähe ist."

Fernsteuerung

Einem schüchternen Schüler, der selbstbewußt werden wollte, sagte der Meister: „Du suchst Sicherheit in den Augen anderer und denkst, das sei Selbstbewußtsein."

„Soll ich der Meinung anderer also kein Gewicht beimessen?"
„Im Gegenteil: wäge alles, was sie sagen, aber laß dich nicht davon gängeln."
„Wie kann man dem entkommen?"
„Wie kann man einem Irrglauben entkommen?"

Anlage

„Wie soll ich mich von Angst befreien?"
„Wie kannst du dich von etwas befreien, an das du dich klammerst?"
„Ihr meint, ich klammerte mich tatsächlich an meine Ängste? Das finde ich nicht."
„Überlege, wovor dich deine Ängste schützen und du wirst mir zustimmen! Und du wirst deine Torheit erkennen."

Bewußtheit

„Erlangt man Heil durch Taten oder durch Meditation?"
„Weder noch. Heil erwächst aus dem Sehen."
„Was sehen?"
„Daß das goldene Halsband, das du erwerben möchtest, bereits um deinen Hals hängt. Daß die Schlange, vor der du solche Angst hast, nur ein Seil auf dem Boden ist."

Schlafwandeln

Des Meisters gesprächige Stimmung ermutigte seine Schüler zu der Frage: „Sagt uns, was habt Ihr durch Erleuchtung gewonnen? Wurdet Ihr göttlich?"
 „Nein."
 „Wurdet Ihr ein Heiliger?"
 „Nein."
 „Was wurdet Ihr also?"
 „Wach."

Distanz

Es befremdete die Schüler, daß der Meister, der ein so einfaches Leben führte, seine reichen Anhänger nie verurteilte.
 „Es ist selten, aber nicht unmöglich, daß jemand reich und heilig ist", sagte er eines Tages.
 „Wie?"
 „Wenn Geld die gleiche Wirkung auf sein Herz hat, wie der Schatten dieses Bambus auf den Hof."
 Die Schüler drehten sich um und sahen, wie der Bambusschatten über den Hof glitt, ohne ein einziges Staubkorn aufzuwirbeln.

Auszeichnung

Der Meister schlenderte mit einigen Schülern an einem Flußufer entlang.

Er sagte: „Seht, wie die Fische umherschnellen, wo es ihnen gefällt. Das genießen sie wirklich."

Ein Fremder, der diese Bemerkung mithörte, sagte: „Woher wißt Ihr, was die Fische genießen – Ihr seid doch kein Fisch?"

Den Schülern verschlug es den Atem vor dieser, wie sie meinten, Unverschämtheit. Der Meister lächelte über diesen, wie er wohl erkannte, unerschrockenen Wissensdrang.

Er erwiderte freundlich: „Und du, mein Freund, woher weißt du, daß ich kein Fisch bin – du bist doch nicht ich?"

Die Schüler lachten über diese, wie es ihnen vorkam, wohlverdiente Zurechtweisung. Nur der Fremde war betroffen von ihrem tiefen Sinn.

Den ganzen Tag grübelte er darüber nach, kam dann zum Kloster und sagte: „Vielleicht seid Ihr wirklich gar nicht so verschieden von einem Fisch, wie ich dachte. Oder ich von Euch."

Schöpfung

Der Meister war bekannt dafür, die Sache der Revolutionäre zu vertreten, sogar auf die Gefahr hin, das Mißfallen der Regierung zu erregen.

Als er gefragt wurde, warum er nicht aktiv in die soziale Revolution eingriff, antwortete er mit diesem rätselhaften Sprichwort:

„Ruhig sitzen, nichts tun, der Frühling kommt und das Gras wächst."

Perspektive

Der Meister war aufgeräumter Stimmung und die Schüler waren wißbegierig. Ob er sich je entmutigt fühle, fragten sie.

Ja, durchaus.

Aber träfe es nicht auch zu, daß er sich in einem anhaltenden Glückszustand befände? beharrten sie.

Ja, das stimmte.

Was also war das Geheimnis, wollten sie wissen.

Sagte der Meister: „Dieses: alles ist so gut oder so schlecht, wie es das eigene Dafürhalten befindet."

Trennung

Die Lehren des Meisters fanden bei der Regierung keine Zustimmung und sie verbannte ihn aus seiner Heimat.

Den Schülern, die ihn fragten, ob er nie Heimweh hätte, sagte der Meister: „Nein."

„Aber es gehört zum Menschen, seine Heimat zu vermissen", wandten sie ein.

Worauf der Meister sagte: „Man ist kein Verbannter mehr, wenn man entdeckt, daß die Schöpfung die eigentliche Heimat ist."

Veränderung

Der zu Besuch weilende Gelehrte war bereit zu kritischer Auseinandersetzung.

„Verändern unsere Bemühungen nicht den Lauf der menschlichen Geschichte?" fragte er.

„Oh ja, das tun sie", sagte der Meister.

„Und hat nicht menschliche Arbeit die Erde verändert?"

„Ganz sicher hat sie das", sagte der Meister.

„Warum lehrt Ihr dann, daß menschliches Mühen nur wenig bewirkt?"

Sagte der Meister: „Weil die Blätter doch fallen, auch wenn der Wind nachläßt."

Erkennen

Als der Meister alt und krank wurde, baten ihn die Schüler, nicht zu sterben. Sagte der Meister: „Wenn ich nicht ginge, wie würdet ihr je sehen lernen?"

„Was sehen wir denn nicht, wenn Ihr bei uns seid?" fragten sie.

Aber der Meister wollte es nicht sagen.

Als der Augenblick seines Todes nahe war, sagten sie: „Was werden wir sehen, wenn Ihr gegangen seid?"

Mit einem Lächeln in den Augen sagte der Meister: „Ich tat nichts weiter als am Ufer des Flusses sitzen und Wasser austeilen. Wenn ich gegangen bin, hoffe ich, daß ihr den Fluß sehen werdet."

Einsicht

Die Schüler führten eine hitzige Diskussion über die Ursache menschlichen Leidens.

Einige sagten, Selbstsucht sei die Ursache, andere Selbsttäuschung, wieder andere, Unfähigkeit, das Wirkliche vom Unwirklichen zu unterscheiden.

Als der Meister gefragt wurde, sagte er: „Alles Leiden kommt von der Unfähigkeit des Menschen, still zu sitzen und allein zu sein."

Autonomie

Dem Meister schien es völlig gleichgültig zu sein, was die Menschen von ihm dachten. Als die Schüler fragten, wie er diese Stufe innerer Freiheit erreicht habe, lachte er laut und sagte: „Bis ich zwanzig war, kümmerte es mich nicht, was die Leute von mir dachten. Nach meinem zwanzigsten Lebensjahr fragte ich mich ständig, was wohl meine Nachbarn von mir hielten. Als ich dann einen Tag älter als fünfzig war, erkannte ich plötzlich, daß sie kaum je überhaupt an mich dachten."

Immunisierung

Zum Erstaunen aller schien der Meister wenig von religiöser Erziehung junger Menschen zu halten.

Als er gefragt wurde, warum, sagte er: „Impft man sie in der Jugend, verhindert man, daß sie die wirkliche Sache mitbekommen, wenn sie heranwachsen."

Echtheit

Der Meister ließ sich nie von Diplomen und Examen beeindrucken. Er prüfte den Menschen, nicht das Zeugnis.

Man hörte ihn einmal sagen: „Wenn ihr Ohren habt, einen Vogel singen zu hören, braucht ihr seine Referenzen nicht anzusehen."

Vorurteil

Nichts ist gut oder schlecht, so lange es das Denken nicht dazu macht", sagte der Meister.

Als er gebeten wurde, das näher zu erklären, sagte er: „Ein Mensch hielt fröhlich sieben Tage in der Woche ein religiöses Fastengebot ein. Sein Nachbar verhungerte bei der gleichen Diät."

Selbstgerechtigkeit

Der Meister liebte das gewöhnliche Volk und mißtraute denen, die wegen ihrer Heiligkeit auffielen.

Einem Schüler, der seine Meinung über das Heiraten wissen wollte, sagte er: „Paß auf, daß du keine Heilige heiratest."

„Warum denn nicht?"

„Weil das der sicherste Weg ist, dich zu einem Märtyrer zu machen", lautete des Meisters fröhliche Antwort.

Begeisterung

Zu der Frau, die klagte, Reichtum habe sie nicht glücklich gemacht, sagte der Meister: „Du redest, als ob Luxus und Bequemlichkeit unbedingt zum Glück gehörten. Um wirklich glücklich zu sein, meine Liebe, brauchst du statt dessen nur irgend etwas, wofür du dich begeistern kannst."

Totalitarismus

Zur großen Verlegenheit der Schüler sagte der Meister einmal zu einem Bischof, daß religiöse Menschen einen natürlichen Hang zur Grausamkeit hätten.

„Warum?" fragten die Schüler, als der Bischof gegangen war.

„Weil sie nur zu leicht Menschen opfern, um einen bestimmten Zweck zu fördern", sagte der Meister.

Selbstlosigkeit

Ein wohlhabender Industrieller sagte zu dem Meister: „Welchen Beruf übt Ihr aus?"

„Keinen", sagte der Meister.

Der Industrielle lachte verächtlich: „Ist das nicht Faulheit?"

„Du lieber Himmel, nein! Faulheit ist meistens ein Laster sehr aktiver Menschen."

Später sagte der Meister zu seinen Schülern: „Tut nichts, und alle Dinge werden durch euch geschehen. Nichtstun bedeutet in Wirklichkeit sehr viel Tätigkeit – probiert es!"

Weisheit

Dem Meister gefiel es stets, wenn Menschen ihre Unwissenheit zugaben.

„Weisheit wächst gewöhnlich im Verhältnis zum Bewußtsein der eigenen Unwissenheit", behauptete er.

Als er um eine Erklärung gebeten wurde, sagte er: „Wenn ihr einseht, daß ihr heute nicht so weise seid, wie ihr gestern geglaubt habt zu sein, dann seid ihr heute weiser."

Liebe

Ein frisch verheiratetes Paar sagte: „Was sollen wir tun, damit unsere Liebe von Dauer ist?"

Sagte der Meister: „Liebt gemeinsam andere Dinge."

Reichtum

Wie könnte Spiritualität einem Weltmann wie mir helfen?" fragte der Geschäftsmann.

„Sie wird dir helfen, mehr zu haben", sagte der Meister.

„Wie?"

„Indem sie dich lehrt, weniger zu erstreben."

Glückseligkeit

Der glücklose Börsenmakler verlor sein Vermögen und kam in das Kloster, um inneren Frieden zu finden. Aber er war zu verzweifelt, um zu meditieren.

Nachdem er gegangen war, sagte der Meister einen einzigen Satz als trockenen Kommentar: „Diejenigen, die auf dem Fußboden schlafen, fallen nie aus ihren Betten."

Universalität

Gewöhnlich riet der Meister davon ab, in ein Kloster zu gehen.

„Um aus Büchern zu lernen, braucht man nicht in einer Bibliothek zu leben", pflegte er zu sagen.

Oder sogar noch eindringlicher: „Man kann Bücher lesen, ohne je eine Bibliothek betreten zu haben, und Geistigkeit pflegen, ohne je in eine Kirche zu gehen."

Blumen

Als es klar wurde, daß der Meister sterben würde, waren die Schüler niedergeschlagen.

Sagte der Meister lächelnd: „Seht ihr nicht, daß der Tod dem Leben Schönheit verleiht?"

„Nein. Uns wäre es lieber, Ihr würdet nie sterben."

„Alles, was wirklich lebendig ist, muß sterben. Seht die Blumen: nur Plastikblumen sterben nie."

Abenteuer

Der Meister sprach über Leben.

Eines Tages erzählte er, er habe einen Piloten getroffen, der während des zweiten Weltkrieges Arbeiter aus China nach Burma flog, die dort im Dschungel Straßen bauten. Der Flug war lang und langweilig, und daher begannen die Arbeiter zu spielen. Da sie kein Geld hatten, um das sie spielen konnten, setzten sie ihr Leben. Der Verlierer sprang ohne Fallschirm aus der Maschine.

„Wie schrecklich!" riefen die entsetzten Schüler.

„Das stimmt", sagte der Meister, „aber dadurch wurde das Spiel aufregend."

Später am Tag sagte er: „Man lebt nie so aus dem vollen, als wenn man mit seinem Leben spielt."

Sterblichkeit

Einem Schüler, der um Weisheit bat, sagte der Meister: „Versuch' folgendes: schließ' die Augen und stell dir vor, du und alle Lebewesen werden in einen Abgrund geschleudert. Jedesmal, wenn du dich an etwas klammerst, um nicht zu fallen, mach' dir klar, daß es gleichfalls fällt ..."

Der Schüler versuchte es und war nie mehr derselbe.

Befreiung

Wie soll ich Befreiung erlangen?"

„Finde heraus, wer dich festgehalten hat", sagte der Meister.

Nach einer Woche kehrte der Schüler zurück und sagte: „Niemand hat mich festgehalten."

„Warum möchtest du dann befreit werden?"

Für den Schüler war das ein Augenblick der Erleuchtung. Plötzlich wurde er frei.

Einschränkung

Der Meister war stets äußerst liebenswürdig zu Universitätsdozenten, die ihn besuchten, aber er antwortete nie auf ihre Fragen und ließ sich auch nicht in ihre theologischen Spekulationen hineinziehen.

Seinen Schülern, die sich darüber wunderten, sagte er: „Kann man zu einem Frosch in einem Brunnen über den Ozean sprechen – oder über das Göttliche zu Menschen, die in ihren Vorstellungen befangen sind?"

Verwicklung

Obwohl der Meister zu allen seinen Schülern freundlich war, konnte er doch nicht verbergen, daß er die, die in der „Welt" lebten – Verheiratete, Kaufleute, Bauern – denen vorzog, die im Kloster wohnten.

Als ihm das vorgehalten wurde, sagte er: „Spiritualität, die im aktiven Leben geübt wird, ist unvergleichlich höher anzusetzen als die, die in der Zurückgezogenheit praktiziert wird."

Natur

Ein Redner führte aus, daß ein Bruchteil der enormen Summen, die in der modernen Welt für Waffen ausgegeben werden, alle wesentlichen Probleme der gesamten Menschheit lösen könnte.

Die voraussehbare Reaktion der Schüler nach dem Vortrag war: „Warum sind die Menschen so dumm?"

„Deswegen", sagte der Meister ernst, „weil Menschen wohl gelernt haben, gedruckte Bücher zu lesen. Sie haben aber die Kunst vergessen, ungedruckte zu lesen."

„Gebt uns ein Beispiel eines ungedruckten Buches".

Aber der Meister wollte keines geben.

Eines Tages gab er ihrem Drängen nach und sagte: „Die Lieder der Vögel, das Summen der Insekten verkünden die Wahrheit wie ein Trompetenstoß. Gräser und Blumen weisen den Weg. Lauscht! Schaut! So liest man."

Himmel

Einem Schüler, den der Gedanke vom Leben nach dem Tode nicht losließ, sagte der Meister: „Warum auch nur einen Augenblick mit dem Gedanken an das Danach verschwenden?"

„Aber ist es denn möglich, das nicht zu tun?"

„Ja".

„Wie?"

„Indem man hier und jetzt im Himmel lebt."

„Und wo ist dieser Himmel?"

„Im Hier und Jetzt."

Gegenwart

Als die Schüler baten, ihnen ein Modell von Spiritualität zu geben, das sie nachahmen könnten, sagte der Meister nur: „Still, lauscht!"

Und als sie auf die Laute der Nacht draußen lauschten, begann der Meister leise den berühmten Haiku zu sprechen:

„Von einem frühen Tod,
zeigt die Zikade sich unbeeindruckt.
Sie singt."

Erkenntnis

„Was brachte Euch die Erleuchtung?"
„Freude."
„Und was ist Freude?"
„Die Erkenntnis, daß alles zu verlieren, nichts weiter bedeutet, als ein Spielzeug verloren zu haben."

Vertrauen

Der Meister pflegte häufig zu behaupten, daß Heiligkeit weniger davon abhänge, was jemand *tue*, als davon, was er *geschehen lasse*.

Einer Gruppe von Schülern, die das nicht recht begreifen konnten, erzählte er die folgende Geschichte:

„Es war einmal ein einbeiniger Drachen, der

sagte zu dem Tausendfüßler: ‚Wie dirigierst du bloß alle diese Beine? Ich werde gerade so mit einem fertig.'

‚Die Wahrheit ist', antwortete der Tausendfüßler, ‚ich dirigiere sie überhaupt nicht.'"

Lärm

Jeden Tag wurde der Meister überhäuft mit Fragen, die er ernsthaft, scherzend, freundlich, bestimmt zu beantworten pflegte.

Eine Schülerin saß während dieser Gespräche stets schweigend da.

Als sie jemand deswegen fragte, sagte sie: „Ich höre kaum ein Wort von dem, was er sagt. „Ich werde von seinem Schweigen zu sehr abgelenkt."

Gedanke

Warum seid Ihr so mißtrauisch gegenüber dem Denken?" sagte der Philosoph. „Denken ist das einzige Werkzeug, das wir besitzen, um die Welt zu organisieren."

„Richtig. Aber Denken kann die Welt so gut organisieren, daß man nicht mehr in der Lage ist, sie zu sehen."

Seinen Schülern sagte er später: „Ein Gedanke ist ein Schleier, kein Spiegel; deswegen lebt ihr in einer Gedankenhülle, unberührt von der Wirklichkeit."

Offenbarung

Die Mönche eines Nachbarklosters baten den Meister um Hilfe in einem Streit, der unter ihnen ausgebrochen war. Sie hatten den Meister sagen hören, seine Technik garantiere jeder Gruppe Liebe und Harmonie.

Bei dieser Gelegenheit gab er sie preis: „Jedes Mal, wenn ihr mit irgendjemand zusammen seid oder an jemand denkt, müßt ihr euch sagen: *ich sterbe und diese Person stirbt auch,* und dabei versuchen, die Wahrheit dieser Worte, die ihr sprecht, wirklich zu *erfassen.* Wenn jeder von euch dazu bereit ist, wird jede Gereiztheit vergehen und Harmonie sich ausbreiten."

Nach diesen Worten ging er.

Güte

Ein Lebensmittelhändler kam in großer Sorge zum Meister, um mitzuteilen, daß genau gegenüber seinem Laden ein großer Supermarkt eröffnet hatte, der sein Geschäft kaputt machen würde. Seit hundert Jahren hatte der Laden seiner Familie gehört, und wenn er das Geschäft verlöre, wäre es sein Ruin, denn etwas anderes hätte er nicht gelernt.

Sagte der Meister: „Wenn du den Besitzer des Supermarktes fürchtest, wirst du ihn hassen. Und der Haß wird dein Ruin werden."

„Was soll ich tun?" fragte der verzweifelte Lebensmittelhändler.

„Jeden Morgen geh' aus deinem Laden auf den Bürgersteig und segne dein Geschäft, daß es gut gehen möge. Dann dreh' dich um und segne den Laden gegenüber gleichermaßen."

„Was? Meinen Konkurrenten und Verderber segnen?"

„Jeder Segen, den du ihm zuteil werden läßt, wird zu deinem Besten ausschlagen. Alles Böse, das du ihm wünschst, wird dich zerstören."

Nach sechs Monaten kam der Lebensmittelhändler wieder und berichtete, daß er, genau wie befürchtet, seinen Laden hatte schließen müssen, aber nun sei er Verwalter des Supermarktes und seine Geschäfte gingen besser als je zuvor.

Sünde

Eine der beunruhigenden und wunderbaren Lehren des Meisters lautete: Gott ist Sündern näher als Heiligen.

Und so erklärte er es:

Gott im Himmel hält jeden Menschen an einer Schnur. Wenn man sündigt, zerschneidet man die Schnur. Dann knüpft Gott sie mit einem Knoten wieder zusammen und zieht einen dadurch etwas näher an sich heran. Immer wieder schneiden deine Sünden die Schnur durch und mit jedem weiteren Knoten zieht dich Gott näher und näher.

Heilung

Zu einem bekümmerten Menschen, der sich an ihn um Hilfe wandte, sagte der Meister: „Willst du wirklich Heilung?"

„Wenn nicht, würde ich mir dann die Mühe machen, zu Euch zu kommen?"

„Oh ja, die meisten Menschen tun das."

„Wozu?"

„Nicht wegen der Heilung, die tut weh, sondern um Erleichterung zu finden."

Seinen Schülern sagte der Meister: „Menschen, die Heilung wollen, vorausgesetzt, sie können sie ohne Schmerzen haben, gleichen jenen, die für den Fortschritt eintreten, vorausgesetzt, sie können ihn ohne Veränderung bekommen."

Lehrsatz

Einem Besucher, der behauptete, er brauchte nicht nach Wahrheit zu suchen, denn er hätte sie in den Glaubenssätzen seiner Religion gefunden, sagte der Meister:

„Es war einmal ein Student, der nie ein Mathematiker wurde, weil er blind den Resultaten glaubte, die er hinten in seinem Mathematiklehrbuch fand und – die Ironie will es: alle Resultate waren korrekt!"

Glauben

Der Meister hatte Aristoteles zitiert: „Bei der Suche nach Wahrheit wäre es besser, ja tatsächlich unumgänglich, das aufzugeben, was uns am liebsten ist." Und für das Wort „Wahrheit" setzte er „Gott".

Später sagte ein Schüler zu ihm: „Ich bin bereit, auf der Suche nach Gott, alles aufzugeben: Reichtum, Freunde, Familie, Land, ja das Leben selbst. Was kann ein Mensch sonst noch aufgeben?"

Der Meister erwiderte ruhig: „Die eigenen Glaubenssätze über Gott."

Der Schüler ging traurig fort, denn er hing an seinen Überzeugungen. Er fürchtete „Unwissenheit" mehr als den Tod.

Nicht-Unterweisung

Was lehrt dein Meister?" fragte ein Besucher.

„Nichts", sagte der Schüler.

„Warum hält er dann Vorlesungen?"

„Er weist nur den Weg, er lehrt nichts."

Der Besucher konnte das nicht begreifen, deswegen erläuterte es der Schüler näher: „Wenn der Meister uns lehrte, würden wir aus seinen Lehren Glaubenssätze machen. Dem Meister geht es nicht darum, was wir glauben – nur darum, was wir sehen."

Ursprünge

Die Schülerin hatte Geburtstag.

„Was möchtest du als Geburtstagsgeschenk?" fragte der Meister.

„Etwas, das mir Erleuchtung bringt", sagte sie.

Der Meister lächelte. „Sag mir, meine Liebe", sagte er, „als du geboren wurdest, kamst du *in* die Welt wie ein Stern vom Himmel oder *aus* ihr wie ein Blatt von einem Baum?"

Den ganzen Tag dachte sie über die seltsame Frage des Meisters nach. Dann sah sie plötzlich die Antwort und fiel in Erleuchtung.

Offenlegen

Eines Tages fragte der Meister: „Was haltet ihr für die wichtigste religiöse Frage?"

Er erhielt viele Antworten.

„Gibt es einen Gott?"

„Wer ist Gott?"

„Welcher Weg führt zu Gott?"

„Gibt es ein Leben nach dem Tode?"

„Nein", sagte der Meister, „die wichtigste Frage lautet: ,Wer bin ich?'"

Die Schüler begannen zu ahnen, was er damit sagen wollte, als sie sein Gespräch mit einem Prediger mithörten.

Meister: „Ihr meint also, wenn Ihr sterbt, wird Eure Seele im Himmel sein?"

Prediger: „Ja."
Meister: „Und Euer Körper wird im Grab sein?"
Prediger: „Ja."
Meister: „Und wo, darf ich fragen, werdet *Ihr* sein?"

Identifikation

Ich möchte Gott sehen."

„Du blickst ihn jetzt gerade an", sagte der Meister.

„Warum sehe ich ihn dann nicht?"

„Warum sieht das Auge nicht sich selbst", sagte der Meister.

Später erklärte er: „Genau so wenig, wie ein Messer sich selbst schneiden kann oder ein Zahn sich selbst beißen, kann man verlangen, daß Gott sich selbst offenbare."

Verstehen

Jedes Wort, jedes Bild, das man für Gott gebraucht, dient eher der Verzerrung als einer Beschreibung."

„Wie spricht man also von Gott?"

„Durch Schweigen."

„Warum sprecht Ihr dann in Worten?"

Darüber lachte der Meister lauthals. Er sagte: „Wenn ich spreche, mein Lieber, darfst du nicht auf die Worte hören. Höre auf das Schweigen."

Bedeutung

Sagte ein Reisender zu einem der Schüler: „Ich bin weit gereist, um dem Meister zuzuhören, aber ich finde, seine Worte sind ganz gewöhnlich."

„Höre nicht auf seine Worte. Höre auf seine Botschaft."

„Wie macht man das?"

„Halte dich an einen Satz, den er sagt. Schüttele ihn gut durch, bis alle Wörter herausfallen. Was übrig bleibt, wird dein Herz entflammen."

Leere

Manchmal fiel eine Schar lärmender Besucher in das Kloster ein, und die Stille wurde zunichte.

Das ärgerte die Schüler; nicht so den Meister, der gleichermaßen zufrieden schien, ob Lärm oder Stille herrschte.

Eines Tages sagte er seinen protestierenden Schülern: „Stille ist nicht das Fehlen von Geräusch, sondern das Fehlen des Selbst."

Dienst

Man wußte, der Meister zog tätiges Leben der Abgeschlossenheit vor. Aber er legte immer Wert auf ‚erleuchtetes' Tätigsein.

Die Schüler wollten wissen, was ‚erleuchtet' bedeutete. Hieß es ‚gut-gemeint'?

„Oh nein", sagte der Meister, „bedenkt nur, wie gut es der Affe meint, wenn er einen Fisch aus dem Fluß holt, um ihn vor einem nassen Tod zu retten."

Sein

„Was muß ich tun, um Heiligkeit zu erlangen?" fragte ein Reisender.

„Folge deinem Herzen", sagte der Meister.

Das schien dem Reisenden zuzusagen.

Ehe er jedoch fortging, flüsterte ihm der Meister zu: „Um deinem Herzen folgen zu können, wirst du eine kräftige Konstitution brauchen."

Feier

„Was würde Spiritualität mir geben?" fragte ein Alkoholiker den Meister.

„Einen nicht-alkoholischen Rausch", lautete die Antwort.

Erscheinungsformen

Der Meister mißbilligte stets alles, was den Anschein des Sensationellen hatte. Das Göttliche, behauptete er, findet man nur im Gewöhnlichen.

Einem Schüler, der Formen der Askese zu praktizieren versuchte, die ans Groteske grenzten, hörte man den Meister sagen: „Heiligkeit ist etwas Geheimnisvolles: je größer sie ist, desto weniger fällt sie auf."

Heiligkeit

Einem Priester, der ständig wiederholte: „Wir müssen Gott in unser Leben aufnehmen", sagte der Meister: „Er ist schon da. Für uns geht es darum, das zu erkennen."

Freundlichkeit

„Was soll ich tun, um meinen Nächsten zu lieben?"

„Hör auf, dich zu hassen."

Der Schüler grübelte lange und ernsthaft über diese Worte nach, kam dann zurück und sagte: „Aber ich liebe mich zu sehr, denn ich bin selbstsüchtig und egozentrisch. Wie kann ich mich davon befreien?"

„Sei freundlich zu dir, und dein Selbst wird zufrieden sein und dich freisetzen, deinen Nächsten zu lieben."

Versicherung

Eine Frau, die über den Tod ihres Sohnes verzweifelt war, kam zum Meister, um getröstet zu werden.

Er hörte ihr geduldig zu, als sie ihm ihr Leid klagte.

Dann sagte er sanft: „Ich kann deine Tränen nicht trocknen, meine Liebe. Ich kann dich nur lehren, wie du sie heiligen kannst."

Offenheit

Ein besorgtes Ehepaar klagte dem Meister, ihr Sohn habe die religiösen Traditionen der Familie aufgegeben und sich zum Freidenker erklärt.

Sagte der Meister: „Kein Grund zur Sorge. Wenn der Junge wirklich für sich selbst denkt, wird der Mächtige Wind sich erheben und ihn dorthin tragen, wohin er gehört."

Fesseln

Zu einem ängstlichen frommen Besucher sagte der Meister: „Warum hast du solche Angst?"
„Daß ich nicht Erlösung erlange."
„Und was ist Erlösung?"
„Mokscha, Befreiung, Freiheit."
Der Meister lachte laut auf und sagte: „Du wirst also *gezwungen*, frei zu sein? Du *mußt* befreit werden?"
In diesem Augenblick entspannte sich der Besucher und verlor seine Angst für immer.

Verarmung

Der Meister fragte einen Schüler, der von weither zu ihm kam: „Was suchst du?"
„Erleuchtung."
„Du hast deine eigene Schatzkammer. Warum suchst du draußen?"
„Wo ist meine Schatzkammer?"
„Es ist das Verlangen, das dich überkommen hat."
In diesem Augenblick wurde der Schüler erleuchtet. Jahre später pflegte er seinen Freunden zu sagen: „Öffnet eure eigene Schatzkammer und erfreut euch eurer Schätze."

Souveränität

Die Schüler suchten Erleuchtung, wußten aber nicht, was das war oder wie sie zu erlangen war.

Sagte der Meister: „Sie kann nicht erreicht werden, ihr könnt sie nicht erlangen."

Als er sah, wie niedergeschlagen die Schüler waren, sagte der Meister: „Seid nicht betrübt. Ihr könnt sie auch nicht verlieren."

Und bis zum heutigen Tage sind die Schüler auf der Suche nach etwas, das weder verloren noch gewonnen werden kann.

Wörter

Die Schüler waren in eine Diskussion vertieft über den Ausspruch Lao-Tses:
 „Der Wissende redet nicht,
 Der Redende weiß nicht."

Als der Meister dazukam, fragten sie ihn, was die Worte genau bedeuteten.

Sagte der Meister: „Wer von euch kennt den Duft einer Rose?"

Alle kannten ihn.

Dann sagte er: „Kleidet ihn in Worte."

Alle schwiegen.

Disziplin

Den Schülern, die wissen wollten, welche Art der Meditation er jeden Morgen im Garten praktizierte, sagte der Meister: „Wenn ich aufmerksam schaue, sehe ich den Rosenstrauch in voller Blüte."

„Warum muß man *aufmerksam* schauen, um den Rosenstrauch zu sehen?" fragten sie.

„Damit man wirklich den Rosenstrauch sieht", sagte der Meister, „und nicht die eigene Vorstellung davon."

Mäßigung

Immer wieder ließ es sich der Meister angelegen sein, seinen Schülern zu raten, sich nicht von ihm abhängig zu machen, denn dadurch würden sie gehindert, die innere Quelle zu entdecken.

Oft hört man ihn sagen: „Es gibt drei Dinge, die in zu großer Nähe schädlich und wenn zu weit entfernt nutzlos sind, und die man am besten in angemessenem Abstand hält: Feuer, die Regierung und den Guru."

Widerspruch

„Was soll ich tun, um Gott zu erreichen?"
„Wenn du Gott erreichen willst, mußt du zwei Dinge wissen. Erstens, daß alle Bemühungen, ihn zu erreichen, vergeblich sind."
„Und zweitens?"
„Du mußt handeln, als ob du das erste nicht wüßtest."

Erfahrung

Der Präsident einer angesehenen Universität, der von des Meisters mystischer Einsicht überzeugt war, wollte ihn zum Direktor der Theologischen Fakultät machen.

Er unterbreitete diesen Vorschlag dem begabtesten Schüler. Der Schüler sagte: „Dem Meister kommt es darauf an, erleuchtet *zu sein* und nicht Erleuchtung zu lehren."

„Wäre er deswegen ungeeignet, Direktor der Theologischen Fakultät zu sein?"

„Im gleichen Maße wie ein Elefant ungeeignet wäre, Direktor der Zoologischen Fakultät zu sein."

Ansehen

Auch das schärfste Auge würde an dem Meister nichts entdecken, was über den Rahmen des Gewöhnlichen hinausging. Er konnte ängstlich und niedergeschlagen sein, wenn die Umstände danach waren. Er konnte lachen und weinen und wütend werden. Er liebte ein anständiges Essen, war auch einem oder zwei Gläschen nicht abgeneigt, und man wußte sogar, daß er einer wohlgestalteten Frau gerne nachblickte.

Als ein Reisender bemängelte, daß der Meister kein „heiliger Mann" sei, wies ihn ein Schüler zurecht.

„Es ist eine Sache, ob ein Mann heilig ist. Auf einem ganz anderen Blatt steht, ob er Euch heilig vorkommt."

Götzendienst

Der Meister wurde nie müde, seine Schüler vor den Gefahren der Religion zu warnen. Er erzählte gerne die Geschichte des Propheten, der eine brennende Fackel durch die Straßen trug und sagte, er werde den Tempel anzünden, damit die Menschen sich mehr um Gott als den Tempel kümmerten.

Dann fügte er hinzu: „Eines Tages werde auch ich eine brennende Fackel tragen und beide anzünden, den Tempel und Gott."

Anbau

Ein Reisender auf der Suche nach dem Göttlichen fragte den Meister, wie er einen wahren Lehrer von einem falschen unterscheiden könnte, wenn er in seine Heimat zurückgekehrt sei.

Sagte der Meister: „Ein guter Lehrer bietet Praxis an, ein schlechter Theorien."

„Aber wie soll ich gute Praxis von schlechter unterscheiden?"

„Auf die gleiche Weise, wie der Bauer guten Ackerbau von schlechtem unterscheidet."

Flüchtigkeit

Der Meister war allergisch gegenüber Leuten, die ihren Aufenthalt im Kloster in die Länge zogen. Früher oder später bekam jeder Schüler die schwerwiegenden Worte zu hören: „Es ist Zeit für dich zu gehen. Wenn du dich nicht löst, wird der Geist nicht kommen."

Was sei dieser „Geist", wollte ein besonders betroffener Schüler wissen.

Sagte der Meister: „Wasser bleibt lebendig und frei, indem es fließt.

Du wirst lebendig und frei bleiben, wenn du gehst. Wenn du nicht von mir weggehst, wirst du stagnieren und sterben – und vergiftet werden."

Nicht-Erfahrung

Während einer Diskussion über Gotteserfahrung sagte der Meister: „Wenn Gott erfahren wird, verschwindet das Selbst. Wer also wird den Prozeß des Erfahrens durchführen?"

„Ist Gottes-Erfahrung also eine Nicht-Erfahrung?"

„Sie ist wie der Schlaf", sagte der Meister, „und der wird nur erfahren, wenn er zu Ende ist."

Verheimlichung

Der Meister erzählte einmal von einer kostbaren antiken Schale, die bei einer öffentlichen Versteigerung ein Vermögen einbrachte. Ein Landstreicher, der in Armut gestorben war, hatte damit um Almosen gebettet, ohne ihren Wert zu ahnen.

Als ein Schüler den Meister fragte, was die Schale bedeuten sollte, sagte der Meister: „Dein Selbst."

Man bat ihn, das näher zu erklären. Er sagte: „Ihr verschwendet eure Aufmerksamkeit auf Kleinkram, den ihr als Wissen bei Lehrern und aus Büchern sammelt. Ihr tätet besser, die Schale zu beachten, in der ihr dieses Wissen aufnehmt."

Wunder

Man erzählte von dem Haji, der am Rande der Stadt lebte, er vollbringe Wunder. Daher pilgerten viele kranke Menschen zu seinem Haus.

Von dem Meister wußte man, daß Wunderbares ihn nicht im geringsten interessierte, und er auch Fragen über den Haji nie zu beantworten pflegte.

Als er rundheraus gefragt wurde, was er gegen Wunder habe, antwortete er: „Wie kann man gegen etwas sein, das täglich und stündlich vor den eigenen Augen stattfindet?"

Täuschung

„Wie sollen wir den wahren Mystiker von dem falschen unterscheiden?" fragte ein Schüler, den Okkultes ungeheuer interessierte.

„Wie unterscheidest du den echten Schläfer von einem, der nur zu schlafen vorgibt?" fragte der Meister.

„Das ist nicht möglich. Allein der Schläfer weiß, wann er nur so tut, als ob er schlafe", sagte der Schüler.

Der Meister lächelte.

Später sagte er: „Der simulierende Schläfer kann andere täuschen – nicht sich selbst. Der falsche Mystiker kann – unglücklicherweise – sowohl andere wie sich selbst täuschen."

Ausflucht

Ein Besucher erzählte die Geschichte eines Heiligen, der einen sterbenden Freund besuchen wollte, aber Angst hatte, bei Nacht zu reisen und daher zur Sonne sagte: „Im Namen Gottes, bleib am Himmel, bis ich zu dem Dorf komme, wo mein Freund im Sterben liegt." Und die Sonne blieb auf der Stelle stehen, bis der heilige Mann das Dorf erreicht hatte.

Der Meister lächelte. „Hätte der heilige Mann nicht mehr davon gehabt, wenn er seine Angst, des Nachts zu reisen, überwunden hätte?" sagte er.

Urteil

„Wie soll ich anderen vergeben?"

„Wenn du nie verurteiltest, brauchtest du nie zu vergeben."

Gelassenheit

„Gibt es Wege, die eigene geistige Stärke zu messen?"

„Viele".

„Nennt uns einen."

„Findet heraus, wie oft ihr euch im Laufe eines einzigen Tages aufregt."

Unbekümmertheit

Der Meister bestand stets darauf, daß wir aus eigenem Antrieb lernen und uns weiterbilden sollten und uns nicht so sehr auf Weisungen anderer verlassen. Das habe natürlich seine Grenzen, so z. B. wenn ein gescheiter junger Bursche überzeugt ist, Drogen seien ein Weg zur Mystik und man müsse eben „das Risiko eingehen, denn lernen könne man nur durch Ausprobieren."

Das veranlaßte den Meister, die alte Geschichte von Nagel und Schraube zu erzählen.

„Es gibt eine Möglichkeit, herauszufinden, ob man für ein Brett einen Nagel oder eine Schraube braucht: man schlage den Nagel ein, wenn das Brett zersplittert, weiß man, daß eine Schraube am Platze gewesen wäre."

Wahnsinn

Wenn es um die Frage seiner eigenen Erleuchtung ging, blieb der Meister immer sehr zurückhaltend, obgleich die Schüler mit allen Mitteln versuchten, ihn zum Sprechen zu bewegen.

Das einzige, was sie über dieses Thema erfuhren war das, was der Meister einmal zu seinem jüngsten Sohn sagte, der wissen wollte, wie seinem Vater zumute war, als er erleuchtet wurde. Die Antwort lautete: „Wie einem Narren."

Als der Junge fragte warum, hatte der Meister geantwortet: „Nun, Sohn, es war, als ob man sich große Mühe gegeben hätte, in ein Haus einzubrechen, indem man eine Leiter erkletterte und ein Fenster einschlug, um später festzustellen, daß die Haustür offen war."

Entfaltung

Einem Schüler, der seine Grenzen beklagte, sagte der Meister: „Du hast in der Tat deine Grenzen. Aber hast du bemerkt, daß du heute Dinge tun kannst, die du vor fünfzehn Jahren für unmöglich gehalten hättest? Was hat sich geändert?"
„Meine Begabungen haben sich geändert."
„Nein, du hast dich geändert."
„Ist das nicht dasselbe?"
„Nein. Du bist das, wofür du dich hältst. Als sich dein Denken änderte, hast du dich geändert."

Oberflächlichkeit

Eines Tages bat ein Journalist den Meister, etwas zu nennen, was die moderne Welt charakterisiere.

Ohne Zögern antwortete der Meister: „Die Menschen wissen jeden Tag mehr und mehr über den Kosmos und immer weniger über sich selbst."

Und zu einem Astronomen, der ihn mit den Wundern der modernen Astronomie faszinierte, sagte der Meister plötzlich: „Das seltsamste aller der Millionen seltsamer Objekte im Universum – den schwarzen Löchern und Quassaren und Pulsaren – ist fraglos das Selbst."

Kapitulation

„Was ist das Höchste, das ein Mensch vollbringen kann?"
„In Meditation versunken sein."
„Würde das nicht zur Untätigkeit führen?"
„Es *ist* Untätigkeit."
„Ist Tätigsein also weniger wert?"
„Untätigkeit belebt das Tätigsein. Sonst wäre es tot."

Kreativität

„Was ist das Höchste, das ein Mensch vollbringen kann?"
„In Meditation versunken sein."
Aber der Meister selbst war selten in Meditation zu sehen. Er war ständig mit Haus- und Feldarbeit beschäftigt, empfing Besucher und schrieb Bücher. Er hatte sogar die Buchhaltung des Klosters übernommen.
„Warum verbringt Ihr dann Eure ganze Zeit mit Arbeit?"
„Wenn man arbeitet, braucht man nicht aufhören zu meditieren."

Verschwinden

Einem Schüler, der sich derartig um Erleuchtung bemühte, daß er körperlich hinfällig wurde, sagte der Meister: „Ein Lichtstrahl kann ergriffen werden – aber nicht mit deinen Händen. Erleuchtung kann erreicht werden – aber nicht durch deine Anstrengungen."

Der erstaunte Schüler sagte: „Aber rietet Ihr mir nicht, ich sollte streben, leer zu werden? Das versuche ich doch."

„Du bist also jetzt *voller* Anstrengung, leer zu sein!" sagte der Meister lachend.

Wirklichkeit

Obgleich der Meister das Leben zu genießen und voll auszuschöpfen schien, wußte man doch, daß er auch großes Risiko nicht scheue. So, wenn er die Tyrannei der Regierung verurteilte und damit Verhaftung und Tod herausforderte. Oder wenn er mit einer Gruppe seiner Schüler in einem pestverseuchten Dorf Hilfe leistete.

„Die Weisen kennen keine Todesangst", pflegte er zu sagen.

„Warum sollte ein Mensch sein Leben so leichtfertig aufs Spiel setzen?" wurde er einmal gefragt.

„Warum berührt es einen Menschen so wenig, wenn eine Kerze nach Tagesanbruch verlöscht?"

Entfernung

Der Besitzer eines Vergnügungsparkes wies auf die Ironie hin, daß zwar die Jugend sich in seinem Park nach Kräften amüsierte, er selbst aber meistens niedergeschlagen war.

„Möchtest du lieber den Park oder das Vergnügen?" fragte der Meister.

„Ich möchte beides."

Der Meister schwieg.

Als er später darüber befragt wurde, zitierte der Meister die Worte eines Landstreichers zu einem reichen Landbesitzer: „Ihr habt den Besitz. Andere genießen die Landschaft."

Begrenzung

Gibt es einen Gott?" fragte der Marxist.

„Sicher nicht in der Form, wie ihn sich die Leute vorstellen", sagte der Meister.

„Wen meint Ihr, wenn Ihr ‚Leute' sagt?"

„Jedermann."

Demonstration

"Existiert Gott?" fragte der Meister eines Tages.
„Ja", sagten die Schüler im Chor.
„Falsch", sagte der Meister.
„Nein", sagten die Schüler.
„Wieder falsch", sagte der Meister.
„Wie lautet die Antwort?" fragten die Schüler.
„Es gibt keine Antwort."
„Warum denn nicht?"
„Weil es keine Frage gibt", sagte der Meister.
Später erklärte er: „Wenn man nichts über ihn *sagen* kann, über Ihn, der über Gedanken und Worte hinausgeht, wie kann man dann etwas *fragen* wollen?"

Vorrang

Der Meister begrüßte die technologischen Fortschritte, war sich aber durchaus ihrer Grenzen bewußt.

Als ihn ein Industrieller fragte, was er arbeite, antwortete er: „Ich bin in der Menschen-Industrie tätig."

„Und was bitte ist das?" fragte der Industrielle.

„Nehmt Euch selbst", sagte der Meister. „Ihr bemüht Euch um die Herstellung besserer Dinge, ich bemühe mich, bessere Menschen hervorzubringen."

Zu seinen Schülern sagte er später: „Ziel des Lebens ist es, Menschen zum Erblühen zu bringen. Heute scheint man mehr damit beschäftigt, Sachen zu perfektionieren."

Anspielung

Der Meister behauptete, er habe ein Buch, das alles enthielte, was man überhaupt von Gott wissen könnte.

Keiner hatte je das Buch gesehen, bis ein zu Besuch weilender Gelehrter mit seinen Bitten nicht nachließ und es dem Meister abrang. Er nahm es mit nach Hause und schlug es ungeduldig auf, um festzustellen, daß alle Seiten leer waren.

„Aber das Buch sagt ja gar nichts", jammerte der Gelehrte.

„Ich weiß", sagte der Meister befriedigt, „aber bedenkt, wieviel es andeutet!"

Starrheit

Himmel, bist du aber gealtert!" rief der Meister, als er sich mit einem Jugendfreund unterhalten hatte.

„Man kann nun mal nichts tun gegen das Altern, oder?" sagte der Freund.

„Nein, das kann man nicht", stimmte der Meister zu, „aber man muß vermeiden, alt zu werden."

Zerstörung

Trotz all seiner Heiligkeit schien der Meister irgendwie etwas gegen Religion zu haben. Darüber wunderten sich die Schüler immer wieder, die im Gegensatz zum Meister Religion mit Spiritualität gleichsetzten.

„Religion, so wie sie heute praktiziert wird, arbeitet mit Strafen und Belohnungen. Mit anderen Worten, sie züchtet Angst und Gier – und beides ist Spiritualität besonders abträglich."

Später fügte er bedauernd hinzu: „So als ob man eine Überschwemmung mit Wasser bekämpfen wollte oder eine brennende Scheune mit Feuer."

Antreiben

Stets überließ der Meister jedem, das Tempo der eigenen Entwicklung zu bestimmen. Man wußte, daß er nie „antrieb". Er erklärte das mit folgendem Gleichnis:

Ein Mensch sah zu, wie ein Schmetterling sich anstrengte, aus seiner Puppe zu schlüpfen. Es ging ihm nicht schnell genug, also begann er, sanft darauf zu blasen. Sein warmer Atem beschleunigte tatsächlich den Prozeß. Aber was herauskroch, war nicht ein Schmetterling, sondern eine Kreatur mit übel zugerichteten Flügeln.

„Einen Wachstumsprozeß", schloß der Meister, „kann man nicht beschleunigen, man kann ihn nur abbrechen."

Frustration

Die Schüler konnten die scheinbar willkürliche Art nicht verstehen, in der einige Leute als Schüler angenommen und andere zurückgewiesen wurden.

Eines Tages bekamen sie einen Hinweis, als sie den Meister sagen hörten: „Versucht nicht, einem Schwein das Singen beizubringen. Ihr verschwendet eure Zeit, und das Schwein ärgert sich."

Definitionen

Der Meister war von modernen Erfindungen auf kindliche Weise fasziniert. Als er einen Taschenrechner sah, konnte er sich vor Erstaunen kaum fassen.

Später sagte er nachsichtig: „Viele Leute scheinen solche kleinen Taschenrechner zu haben, aber nichts in ihren Taschen, das eine Berechnung lohnte."

Wochen später, als ihn ein Besucher fragte, was er seine Schüler lehrte, sagte er: „Die Prioritäten richtig zu setzen: es ist besser, Geld zu haben, als es zu berechnen, besser, die Erfahrung zu machen, als sie zu definieren."

Enthüllung

Einmal diskutierten die Schüler über die Nützlichkeit des Lesens. Einige hielten es für Zeitverschwendung, andere konnten dem nicht zustimmen.

Als man sich an den Meister wandte, sagte er: „Habt ihr jemals einen jener Texte gelesen, in denen die Anmerkungen, die ein Leser an den Rand gekritzelt hatte, sich als genauso aufschlußreich erwiesen wie der Text selbst?"

Die Schüler nickten zustimmend.

„Das Leben", sagte der Meister, „ist ein solcher Text."

Verwundbarkeit

Der Meister bot einem verheirateten Paar, das sich ständig stritt, die vollkommene Lösung an.

Er sagte: „Hört einfach auf, etwas als Recht zu fordern, was ihr als Gefälligkeit erbitten könnt."

Die Streithähne hörten unverzüglich auf.

Opposition

Einem fortschrittlichen Geist, den häufige Kritik entmutigte, sagte der Meister: „Hör auf die Worte des Kritikers. Er verrät, was deine Freunde vor dir verbergen."

Aber er sagte auch: „Laß dich nicht von dem, was der Kritiker sagt, niederdrücken. Noch nie wurde zu Ehren eines Kritikers ein Denkmal errichtet, wohl aber für Kritisierte."

Unendlichkeit

Es war unmöglich, den Meister zu bewegen, von Gott oder dem Göttlichen zu sprechen. „Von Gott", sagte er, „können wir nur wissen, daß das, was wir wissen, nichts ist."

Eines Tages erzählte er von einem Mann, der lange und gründlich überlegte, ehe er sich entschloß, Schüler zu werden. „Er kam, um bei mir zu studieren, mit dem Ergebnis, daß er nichts lernte."

Nur einige der Schüler verstanden: was der Meister zu lehren hatte, konnte weder gelernt, noch gelehrt werden. Alles also, was man wirklich von ihm lernen konnte, war nichts.

Verfolgung

Ein Schüler erinnerte eines Tages daran, wie Buddha, Jesus und Mohammed als Rebellen und Ketzer von ihren Zeitgenossen gebrandmarkt worden waren.

Sagte der Meister: „Keiner kann behaupten, den Gipfel der Wahrheit erreicht zu haben, so lange er nicht von tausend lauteren Menschen der Gotteslästerung angeklagt worden ist."

Einklang

Als ein Mann, dessen Ehe nicht gut ging, seinen Rat suchte, sagte der Meister: „Du mußt lernen, deiner Frau zuzuhören."

Der Mann nahm sich diesen Rat zu Herzen und kam nach einem Monat zurück und sagte, er habe gelernt, auf jedes Wort, das seine Frau sprach, zu hören.

Sagte der Meister mit einem Lächeln: „Nun geh' nach Hause und höre auf jedes Wort, das sie nicht sagt."

Größe

„Das Problem mit dieser Welt ist", sagte der Meister seufzend, „daß die Menschen sich weigern, erwachsen zu werden."

„Wann kann man von einem Menschen sagen, er sei erwachsen?" fragte ein Schüler.

„An dem Tag, an dem man ihm keine Lüge mehr aufzutischen braucht."

Erleuchtung

Der Meister befürwortete beides: Gelehrsamkeit und Weisheit.

„Gelehrsamkeit", sagte er auf eine Frage, „erwirbt man durch Bücherlesen oder indem man Vorlesungen besucht."

„Und Weisheit?"

„Indem du das Buch liest, das du selbst bist."

Er fügte noch hinzu: „Das ist durchaus keine einfache Aufgabe, denn stündlich kommt eine Neuauflage des Buches heraus!"

Manifestation

Wenn ein neuer Schüler zum Meister kam, wurde er gewöhnlich folgendem Verhör unterworfen:

„Weißt du, wer der einzige Mensch ist, der dich im ganzen Leben nie verlassen wird?"

„Wer ist es?"

„Du."

„Und kennst du die Antwort auf jede Frage, die dir je einfallen könnte?"

„Wie lautet sie?"

„Du."

„Und kannst du die Lösung aller deiner Probleme ahnen?"

„Ich gebe auf."

„Du."

Kontemplation

Der Meister pflegte oft zu sagen, daß nur Stille Veränderung bringe.

Aber keiner konnte ihn bewegen zu definieren, was Stille sei. Wenn er gefragt wurde, lachte er, hielt dann seinen Zeigefinger gegen seine geschlossenen Lippen und machte damit die Verwirrung seiner Schüler noch größer.

Eines Tages wurde er aus der Reserve gelockt, als jemand fragte: „Und wie kommt man zu dieser Stille, von der Ihr sprecht?"

Der Meister sagte etwas so Einfaches, daß seine Schüler sein Gesicht musterten, ob er nicht etwa scherze. Er scherzte nicht. Er sagte: „Wo immer ihr sein mögt, schaut euch um, auch wenn scheinbar nichts zu sehen ist; lauscht, wenn alles scheinbar still ist."

Unschuld

Während eines Picknicks sagte der Meister: „Wollt ihr wissen, wie erleuchtetes Leben ist? Seht jene Vögel, die über den See fliegen."

Während alle schauten, rief der Meister:

„Sie werfen eine Spiegelung auf das Wasser, von der sie nichts ahnen,
und die den See nicht berührt."

Kunst

„Was nützt ein Meister?" fragte jemand.

Sagte der Schüler: „Dich zu lehren, was du immer gewußt hast, und dir zu zeigen, was du immer gesehen hast."

Als dies den Besucher verwirrte, rief der Schüler:

„Ein Künstler lehrte mich mit seinen Gemälden den Sonnenuntergang sehen. Der Meister lehrte mich durch seine Ausführungen, die Wirklichkeit jedes Augenblicks zu sehen."

Einsamkeit

Ich möchte im Gebet mit Gott sein."
„Was du willst, ist absurd."
„Warum?"
„Weil jedesmal, wenn du bist, Gott nicht ist; jedesmal wenn Gott ist, bist du nicht. Wie könntest *du* also *mit* Gott sein?"
Später sagte der Meister:
„Sucht das Alleinsein. Wenn ihr mit jemand zusammen seid, seid ihr nicht allein. Wenn ihr ‚mit Gott' seid, seid ihr nicht allein. Der einzige Weg, wirklich mit Gott zu sein, ist der, völlig allein zu sein. Dann, hoffentlich, wird Gott sein und nicht ihr."

Argwohn

Einem Reisenden, der fragte, wie er einen wahren Meister von einem falschen unterscheiden könnte, sagte der Meister kurz angebunden: „Wenn du selbst nicht unredlich bist, wirst du nicht betrogen werden."
Seinen Schülern sagte der Meister später: „Warum setzen Suchende stets voraus, sie selbst seien ehrlich und brauchten nur einen Test, um betrügerische Meister herausfinden zu können."

Verhältnis

Ein erwartungsvoller Besucher war wenig beeindruckt von den banalen Worten, die der Meister an ihn richtete.

„Ich kam hierher auf der Suche nach einem Meister", sagte er zu einem Schüler. „Und ich finde nur einen Menschen, der sich in nichts von anderen unterscheidet."

Sagte der Schüler: „Der Meister ist ein Schuhmacher mit einem unendlichen Vorrat an Leder. Aber das Zuschneiden und Zusammennähen nimmt er nach den Abmessungen Eures Fußes vor."

Übereifer

Ein eifriger Schüler äußerte den Wunsch, andere die Wahrheit zu lehren und fragte den Meister, was er davon hielte. Der Meister sagte: „Warte."

Jedes Jahr kam der Schüler mit der gleichen Frage wieder und jedesmal gab ihm der Meister die gleiche Antwort: „Warte."

Eines Tages sagte er zu dem Meister: „Wann werde ich so weit sein, lehren zu können?"

Sagte der Meister: „Wenn du deinen übergroßen Eifer, lehren zu wollen, verloren hast."

Gebet

Der Meister bekämpfte immer wieder die Vorstellungen, die sich die Menschen von Gott machten.

„Wenn euer Gott euch zur Hilfe kommt und euch aus mißlicher Lage befreit", pflegte er zu sagen, „dann ist es an der Zeit, sich auf die Suche nach dem wahren Gott zu machen."

Als man ihn bat, das näher zu erklären, erzählte er folgende Geschichte:

„Ein Mann ließ sein nagelneues Fahrrad unbeaufsichtigt auf dem Marktplatz stehen und ging einkaufen.

Erst am nächsten Tag erinnerte er sich an das Fahrrad und rannte auf den Marktplatz, überzeugt, daß es gestohlen worden sei. Das Rad befand sich noch genau dort, wo er es abgestellt hatte.

Überwältigt von Freude stürzte er in die nächste Kirche und dankte Gott, daß er sein Fahrrad sicher bewahrt hatte, nur um beim Herauskommen festzustellen, daß das Rad weg war!"

Extravaganz

Eines Tages wollten die Schüler wissen, wie der Mensch beschaffen sein müßte, der am besten geeignet war, Schüler zu werden.

Sagte der Meister: „Das wäre ein Mensch, der nur zwei Hemden hat, eines davon veräußert und von dem Geld eine Blume kauft."

Manipulation

Der Meister hörte geduldig die Klagen einer Frau über ihren Mann an.

Schließlich sagte er: „Eure Ehe wäre glücklicher, meine Liebe, wenn du eine bessere Ehefrau wärest."

„Und wie könnte ich das sein?"

„Indem du dich nicht länger anstrengst, ihn zu einem besseren Ehemann zu machen."

Bindung

Ich habe keine Ahnung, was der morgige Tag bringen wird, also möchte ich mich darauf vorbereiten."

„Du fürchtest den morgigen Tag und erkennst nicht, daß der gestrige genau so gefährlich ist."

Schau

Als einer der Schüler seine Absicht kundtat, andere Wahrheit zu lehren, schlug der Meister einen Test vor: „Halte einen Vortrag, bei dem ich anwesend sein werde, um zu beurteilen, ob du schon so weit bist."

Der Vortrag war anregend. Gegen Ende kam ein Bettler zu dem Redner, der sich erhob und dem Mann seinen Mantel gab – zur Erbauung der Versammlung.

Später sagte der Meister: „Deine Worte waren voller Inbrunst, Sohn, aber du bist noch nicht so weit."

„Warum nicht?" fragte der deprimierte Schüler.

„Aus zwei Gründen: du gabst dem Mann keine Gelegenheit, sein Anliegen zum Ausdruck zu bringen. Und du willst immer noch andere mit deiner Tugendhaftigkeit beeindrucken."

Zufriedenheit

So paradox es scheint, behauptete der Meister doch stets, der wahre Reformer erkenne, daß alles, so wie es ist, vollendet ist und sei daher auch fähig, nicht daran zu rühren.

„Warum will er dann überhaupt irgendetwas reformieren?" wunderten sich die Schüler.

„Nun, es gibt solche und solche Reformer: die eine Art bleibt selbst untätig, aber offen für den Strom des Geschehens. Solche Menschen ändern Richtung und Verlauf eines Flusses. Die anderen produzieren selbst ihre Tätigkeit; sie ähneln denen, die mit viel Getöse den Fluß nasser machen wollen."

Gnade

Ein junger Mann kam zu dem Meister und sagte: „Ich möchte Weise sein. Wie kann ich meinen Wunsch in die Tat umsetzen?"

Der Meister seufzte und sagte: „Es war einmal ein junger Mann genau wie du. Er wollte Weise sein und sein Wunsch war eine große Antriebskraft. Eines Tages saß er genau dort, wo ich bin. Vor ihm saß ein junger Mann auf dem gleichen Fleck, wo du jetzt sitzt. Und der junge Mann sagte: „Ich möchte Weise sein."

Überlegenheit

Ein Schüler aus dem Osten, der stolz war auf das, was er die Spiritualität des Ostens nannte, kam zu dem Meister und sagte: „Wie kommt es, daß der Westen materiellen Fortschritt besitzt und der Osten Spiritualität?"

Lakonisch sagte der Meister: „Weil der Westen als erster seine Wahl treffen konnte, als ganz am Anfang diese Welt Zuteilungen erhielt."

Untauglichkeit

Der Meister pflegte zu behaupten, Wort und Begriff ‚Gott' seien letzten Endes das Hindernis, daß wir Gott nicht erreichten.

Der örtliche Priester wurde darüber so wütend, daß er beleidigt zu dem Meister kam, um die Angelegenheit auszudiskutieren.

„Aber das Wort ‚Gott' kann uns doch wohl zu Gott hinführen?" sagte der Priester.

„Das kann es", sagte der Meister ruhig.

„Wie kann etwas helfen und doch Hindernis sein?"

Sagte der Meister: „Der Esel, der dich bis zur Tür bringt, taugt nicht, dich in das Innere des Hauses zu transportieren."

Mut

Sagte ein enttäuschter Besucher: „Warum hat mein Aufenthalt hier keine Früchte getragen?"

„Könnte es sein, weil es dir an Mut fehlte, den Baum zu schütteln?" sagte der Meister gütig.

Werkzeug

Als ein Schüler sich vom Meister verabschiedete, um zu seiner Familie und seinem Geschäft zurückzukehren, bat er um etwas, das er mitnehmen könnte.

Sagte der Meister: „Bedenke folgende Dinge: nicht das Feuer ist heiß, sondern du, der du es so empfindest.

Nicht das Auge sieht, sondern du.

Nicht der Zirkel macht den Kreis, sondern der Zeichner."

Auferstehung

Als es sicher war, daß der Meister sterben würde, wollten ihm seine Schüler ein würdiges Begräbnis geben. Der Meister erfuhr davon und sagte: „Kann ich mir etwas Feierlicheres und Eindrucksvolleres wünschen als daß mein Sarg Himmel und Erde sei, Sonne, Mond und Sterne mein Grabschmuck und die ganze Schöpfung mein Trauergeleit?"

Er bat, man möge ihn nicht begraben, aber die Schüler wollten davon nichts wissen und wandten ein, Tiere und Vögel würden ihn fressen.

„Dann sorgt dafür, daß mein Stock neben mir liegt, damit ich sie vertreiben kann", sagte der Meister mit einem Lächeln.

„Wie wolltet Ihr das bewerkstelligen? Ihr werdet bewußtlos sein."

„In diesem Fall würde es nichts ausmachen – oder? – wenn ich von Vögeln und Tieren verschlungen werde."

Schattenboxen

Neuankömmlingen pflegte der Meister zu sagen: „Klopft an, und die Tür wird euch aufgetan."
Einigen von ihnen sagte er später hinter vorgehaltener Hand: „Wie sollte eurer Meinung nach die Tür geöffnet werden, wenn sie nie geschlossen war?"

Formulierungen

Was sucht Ihr?" fragte der Meister einen Gelehrten, der sich von ihm Beratung erhoffte.
„Leben", lautete die Antwort.
Sagte der Meister: „Wenn Ihr leben wollt, müssen die Wörter sterben."
Als er später gefragt wurde, was er damit meinte, sagte er: „Ihr seid verraten und verkauft, weil Ihr in einer Welt von Wörtern lebt. Ihr nährt Euch von Wörtern, begnügt Euch mit Wörtern und hättet doch Substanz nötig. Eine Speisekarte wird Euren Hunger nicht stillen und eine Formel nicht Euren Durst."

Unauffälligkeit

Ein Mann von geistigem Ansehen kam zu dem Meister und sagte: „Ich kann nicht beten, ich kann die Heilige Schrift nicht verstehen und ich kann die Übungen, die ich anderen auftrage, nicht ausführen ..."

„Dann gebt alles auf", sagte der Meister fröhlich.

„Aber wie kann ich das? Ich gelte als heiliger Mann und habe in meiner Heimat Anhänger."

Später sagte der Meister mit einem Seufzer: „Heiligkeit ist heute eine Bezeichnung ohne wirkliche Bedeutung. Sie ist nur echt, wenn sie Wirklichkeit ist, ohne einen Namen zu tragen."

Leichtherzigkeit

Im Einklang mit seiner Lehre, daß nichts zu ernst genommen werden sollte, auch nicht sein eigener Unterricht, liebte es der Meister, folgende Geschichte von sich zu erzählen:

„Mein allererster Schüler war so schwach, daß die Übungen ihn umbrachten. Mein zweiter Schüler machte sich selbst verrückt, weil er die Übungen, die ich ihm gab, zu streng befolgte. Mein dritter Schüler lähmte seinen Verstand durch zuviel Kontemplation. Aber dem vierten gelang es, gesund zu bleiben."

„Und zwar wie?" pflegte unweigerlich jemand zu fragen.

„Möglicherweise, weil er sich als einziger weigerte, die Übungen durchzuführen." Des Meisters Worte gingen stets in lautem Gelächter unter.

Eitelkeit

Der Meister erinnerte seine Schüler des öfteren, daß Heiligkeit genau wie Schönheit nur echt sei, wenn sie unbefangen ist. Er zitierte gerne den Vers:
Sie blüht, weil sie blüht,
die Rose;
fragt nicht, warum,
putzt sich auch nicht heraus,
um meinen Blick auf sich zu zieh'n.
Und das Sprichwort: „Ein Heiliger ist ein Heiliger, bis er weiß, daß er einer ist."

Erziehung

Argwöhnisch, wie der Meister war, wenn es um Wissen und Lernen göttlicher Dinge ging, versäumte er doch nie eine Gelegenheit, Künste und Naturwissenschaften und jede andere Form des Lernens zu unterstützen. Es war also nicht überraschend, daß er bereitwillig eine Einladung annahm, bei der Universitätseröffnung eine Rede zu halten.

Er traf eine Stunde vor Beginn ein, um sich auf

dem Campus umzusehen und staunte über die Studieneinrichtungen und -möglichkeiten, die zu seiner Zeit noch nicht vorhanden waren.

Bezeichnenderweise dauerte seine Eröffnungsansprache weniger als eine Minute. Er sagte:

„Laboratorien und Bibliotheken, Hallen, Portale und Bögen, sowie gelehrte Vorlesungen werden zu nichts führen, wenn das weise Herz und das sehende Auge fehlen."

Unglück

Unglück kann Reifung und Erleuchtung bewirken", sagte der Meister.

Und er erklärte das so:

„Ein Vogel suchte jeden Tag Schutz in den dürren Zweigen eines Baumes mitten auf einer weiten, verlassenen Ebene. Eines Tages wurde der Baum von einem Sturm entwurzelt, so daß der arme Vogel gezwungen war, hunderte von Meilen zu fliegen, um Unterschlupf zu finden, bis er schließlich zu einem Wald früchteschwerer Bäume kam."

Und er schloß: „Wäre der verdorrte Baum stehen geblieben, hätte den Vogel nichts bewogen, seine Sicherheit aufzugeben und loszufliegen."

Furchtlosigkeit

„Was ist Liebe?"
„Überhaupt keine Angst mehr zu haben", sagte der Meister.
„Was fürchten wir?"
„Liebe", sagte der Meister.

Maja

Und so erklärte der Meister, wie Erleuchtung sich einstellt, nicht durch Anstrengung, sondern durch Verstehen:
„Stellt euch vor, ihr werdet hypnotisiert und sollt glauben, ein Tiger befinde sich in diesem Raum. In eurer Angst werdet ihr versuchen, ihm entgegenzutreten, euch vor ihm zu schützen, ihn zu besänftigen. Aber wenn dann der Bann gebrochen wird, muß nichts mehr getan werden. Und ihr seid alle von Grund auf verändert.
Also bricht Verstehen den Bann,
der gebrochene Bann führt zu Veränderung,
Veränderung zu Ruhe,
Ruhe ist Macht:
ihr könnt tun, was immer ihr wollt,
denn ihr seid nicht mehr dieselben."

Reinigung

Der Meister bestand darauf, was er lehre, sei nichts, und was er tue gleichfalls nichts.

Seine Schüler entdeckten allmählich, daß Weisheit sich bei jenen einstellt, die nichts lernen, die alles verlernen.

Diese Umwandlung ist nicht die Folge von etwas, das man getan hat, sondern von etwas, das man aufgegeben hat.

Genie

Ein Schriftsteller kam ins Kloster, um ein Buch über den Meister zu schreiben.

„Die Leute sagen, Ihr seid ein Genie. Stimmt das?" fragte er.

„Das könnte man wohl sagen", antwortete der Meister nicht gerade bescheiden.

„Und was macht einen zum Genie?"

„Die Fähigkeit zu erkennen."

„Was erkennen?"

„Den Schmetterling in einer Raupe; den Adler in einem Ei, den Heiligen in einem selbstsüchtigen Menschenwesen."

Menschlichkeit

Für den Vortrag des Meisters über *„Die Zerstörung der Welt"* wurde viel Voraus-Reklame gemacht, und eine große Menschenmenge versammelte sich auf dem Gelände des Klosters, um ihm zuzuhören.

Die Ansprache war in weniger als einer Minute beendet. Er sagte nur:

„Folgendes wird die menschliche Rasse vernichten:

Politik ohne Prinzipien,
Fortschritt ohne Mitleid,
Reichtum ohne Arbeit,
Lernen ohne Stille,
Religion wenn sie nicht furchtlos ist
und Verehrung ohne Bewußtheit."

Ablehnung

Wie ist der Mensch, der erleuchtet wurde?"

Sagte der Meister:

„Er hat Gemeinsinn und gehört zu keiner Partei,

er bewegt sich, ohne einem vorgeschriebenen Kurs zu folgen,

er nimmt die Dinge, wie sie kommen,

er bereut nicht die Vergangenheit, hat keine Furcht vor der Zukunft,

er folgt einem Anstoß und gibt dem Drängen nach,

er ist wie der Sturmwind
und wie eine Feder im Wind
er läßt sich treiben wie Gräser im Fluß
und ist wie ein Mühlstein, der geduldig mahlt,
er liebt die Schöpfung ohne Unterschied,
da Himmel und Erde gleich sind für alle.
So ist der Mensch, der erleuchtet wurde."

Als er diese Worte vernahm, rief einer der jüngeren Schüler: „Eine solche Lehre ist nicht für die Lebenden, sondern für die Toten", und ging davon auf Nimmerwiedersehen.

Inhalt

Abenteuer	58
Abhängigkeit	29
Ablehnung	112
Ablenkung	31
Absurd	10
Änderung	26
Alleinsein	41
Anbau	79
Ankunft	33
Anlage	47
Ansehen	78
Anspielung	89
Antreiben	90
Anwesenheit	13
Argwohn	98
Atheismus	35
Auferstehung	105
Aufnahmefähigkeit	38
Ausdehnung	43
Ausdruck	37
Ausflucht	82
Ausweichen	24
Auszeichnung	49
Autonomie	53
Bedeutung	70
Befreiung	59
Begeisterung	55
Begrenzung	87
Berechnung	40
Bescheidenheit	42
Bewegung	22

Bewußtheit	47
Bewußtlosigkeit	34
Bindung	101
Blindheit	28
Blumen	58
Charisma	14
Definitionen	91
Demonstration	88
Dienst	71
Diskriminierung	23
Distanz	48
Disziplin	76
Echtheit	54
Einbildung	46
Einklang	94
Einsamkeit	98
Einschränkung	59
Einsicht	52
Eitelkeit	108
Entdeckung	38
Entfaltung	84
Entfernung	87
Enthüllung	92
Entkommen	29
Erfahrung	77
Erkennen	52
Erkenntnis	62
Erleuchtung	95
Erscheinungsformen	72
Erwachsensein	9
Erziehung	108
Evolution	33
Extravaganz	100

Feier	71
Fernsteuerung	46
Fesseln	74
Flüchtigkeit	79
Formulierungen	106
Freundlichkeit	72
Frustration	91
Furchtlosigkeit	110

Gebet	100
Gedanke	63
Gefangenschaft	23
Gegenwart	62
Geistige Erleichterung	22
Gelassenheit	82
Genie	111
Genügsamkeit	43
Geschehen lassen	37
Gewalt	44
Gewaltlosigkeit	30
Glauben	67
Glück	19
Glückseligkeit	57
Gnade	102
Götzendienst	78
Größe	95
Güte	64

Harmonie	15
Heiligkeit	72
Heilung	66
Heimkehr	31
Herausforderung	45
Himmel	61

Identifikation	69
Identität	23

Ideologie	45
Illusion	16
Imitation	41
Immunisierung	53
Innenraum	14
Kapitulation	85
Kausalität	39
Klarheit	11
Klatsch	22
Kontemplation	96
Kreativität	85
Kunst	97
Lärm	63
Leere	70
Lehrsatz	66
Leichtherzigkeit	107
Liebe	56
Mäßigung	76
Manifestation	96
Manipulation	101
Maja	110
Mechanismus	24
Meditation	20
Menschlichkeit	112
Moral	45
Mühelosigkeit	36
Mut	104
Mythen	19
Natur	60
Nebensächlichkeit	44
Nicht-Erfahrung	80
Nicht-Unterweisung	67

Offenbarung	64
Offenlegen	68
Offenheit	73
Oberflächlichkeit	84
Opposition	93
Perspektive	50
Philosophie	27
Pragmatismus	18
Prioritäten	36
Rätsel	39
Reaktion	26
Realismus	21
Rede	21
Reichtum	57
Reinigung	111
Religion	11
Revolution	40
Rückzug	38
Schattenboxen	106
Schau	101
Scheuklappen	42
Schicksal	25
Schlafwandeln	48
Schöpfung	50
Schülerschaft	27
Sein	71
Selbstgerechtigkeit	54
Selbstlosigkeit	55
Sensitivität	10
Souveränität	75
Spiegelung	35
Spiritualität	12
Sprachlosigkeit	32
Starrheit	89

Sterblichkeit	59
Sterilität	32
Sünde	65
Täuschung	81
Tiefe	14
Totalitarismus	55
Träume	25
Trennung	51
Übereifer	99
Überleben	28
Überlegenheit	103
Unauffälligkeit	107
Unbekümmertheit	83
Unendlichkeit	93
Unglück	109
Universalität	57
Unschuld	97
Untauglichkeit	104
Unterdrückung	42
Unwissenheit	18
Ursprünge	68
Urteil	82
Veränderung	51
Verantwortung	34
Verarmung	74
Verbesserung	17
Verehrung	24
Verfolgung	94
Verhältnis	99
Verheimlichung	80
Vermittlung	28
Verschwinden	86
Versicherung	73
Verständnis	16

Verstehen	69
Vertrauen	62
Verwicklung	60
Verwundbarkeit	92
Vorrang	88
Vorurteil	54
Wachsamkeit	13
Wahnsinn	83
Weisheit	56
Weissagung	17
Werkzeug	105
Widerspruch	77
Wiedergeburt	25
Wirklichkeit	86
Wörter	75
Wunder	81
Wundertaten	9
Zerstörung	90
Zufriedenheit	102
Zwang	40